Research on Green Auditing Mechanism of State-owned Enterprises

国有企业绿色审计机制研究

郑国洪 ◎ 著

图书在版编目（CIP）数据

国有企业绿色审计机制研究/郑国洪著.—北京：知识产权出版社，2019.11
（西南政法大学法商融合丛书/黄胜忠总主编）
ISBN 978-7-5130-6566-5

Ⅰ.①国… Ⅱ.①郑… Ⅲ.①国有企业—审计—研究—中国 Ⅳ.①F239.44

中国版本图书馆 CIP 数据核字（2019）第 236709 号

责任编辑：雷春丽　　　　　　　　　　责任印制：刘译文
封面设计：张新勇

西南政法大学法商融合丛书
国有企业绿色审计机制研究
郑国洪　著

出版发行：知识产权出版社 有限责任公司	网　　址：http://www.ipph.cn
社　　址：北京市海淀区气象路50号院	邮　　编：100081
责编电话：010-82000860 转 8004	责编邮箱：leichunli@cnipr.com
发行电话：010-82000860 转 8101/8102	发行传真：010-82000893/82005070/82000270
印　　刷：北京嘉恒彩色印刷有限责任公司	经　　销：各大网上书店、新华书店及相关专业书店
开　　本：720mm×1000mm　1/16	印　　张：13.5
版　　次：2019年11月第1版	印　　次：2019年11月第1次印刷
字　　数：198千字	定　　价：55.00元
ISBN 978-7-5130-6566-5	

出版权专有　侵权必究
如有印装质量问题，本社负责调换。

序 言
PREFACE

市场经济乃法治经济。诺贝尔经济学奖得主斯蒂格勒教授曾指出"法律如同其他社会制度,在经济学家的视野中,是社会生活组织的工具"。伴随经济全球化进程的深入,以及市场经济体制的日益完善,中国企业面临着更加广阔的市场机遇和严峻的竞争环境,不仅需要按照市场规律实施商业行为,而且亟须依据法律准则规范商业行为。在当下的市场经济社会,任何商业行为都必须在合法范围下展开;而法律本身也在深深地影响并保护着正当的商业行为。中兴通讯高额罚款、万科股权之争、安邦被接管、獐子岛扇贝"逃跑"、王老吉与加多宝包装纠纷等大量的商业事件说明:企业正面临着前所未有的挑战,需要从"法"与"商"融合的角度提升企业经营管理水平,有效规避市场和法律的双重风险乃需要认真解决的重大课题。

在过去四十多年改革进程中,按照社会主义市场经济体制的要求,我国基本建立起了规范和调整市场经济运行的法律体系。中国企业也接受和遵行了依法治企、合规经营的理念,并在预防、控制市场风险、妥当解决法律问题方面发挥了积极作用。法律与商业的融合,首先体现在思维上。专业的分工属于工业化时代的产物,为了提高效率,必须要适应规模效应,讲求分工,并且分工越细效率越高。但从实际商业运作的逻辑来讲,法离不开商、商也离不开法,两者其实天然地融在一起。因此,在实际的经营管理中越来越需要法律和商业进行深度融合。法商融合至少涉及以下领域:第一,在企业内部,法务、合规、风控、监察、审计等是与大风控、大监管息息相关的领域,都能反映出法商融合鲜明特色;第二,在企业外部,律师事务所、会计事务所、税务事务所等机构，越来越需要提供法商融合的服务，才能够使服务更加全面、更加深入；第三，个体层面，在网络时代、共享时代，个体逐步崛起，逐渐被激活。无论是创业，还是从事管理工作，个人不仅要懂得如何从事商业活动，还要懂得规则的运行，遵守法律的规定。既然融合是必然的，就特别需要法律和商业不同的知识体系、能力的架构以及应用方面进行深层次的结合。通过一系列的融合安排，无论是商业操作，还是应对外部环境的变化，都要找到更加均衡的点，才能使得企业行稳致远，让个体更加安全可靠。通过对法商融合环境的辨识、主体行为的观察以及制度安排和均衡的分析，可以发现法商融合深度的推进无论是对个体和还是企业以及服务机构都能够取得非常好的绩效。

作为指导管理实践的理论学科——管理学，其发展应当遵循问题导向，即应该适应社会经济生活对管理提出的新要求，因此，管理离不开特定的时空条件。通过不断推进和完善管理学理论，确保管理学与不同学科的交叉、引进和融合。虽然管理学与法学均有自己特定的轨迹发展，但纵观管理理论的发展历程，企业在管理实践中业已运用了法律的和管理的方法，"企业与法律被假定存在，而其本身并不是研究的主题。于是，人们几乎忽视了在决定由企业和市场进行各种活动时，法律所起的重要作用"。科斯曾在1937年提出企业契约理论，隶属于权威关系的法律规范乃配置企业资源的有效方式。从某种意义上讲，企业契约理论成为构建法商融合理论的出发点。法商融合理论的提出，正是从"法"与"商"的结合上提供了动态地、直接地认识现行法治与现实经济的新型关系的有效途径。法商融合理论作为一种客观存在，是对现实中法律与管理结合现象的概括、提炼与升华：其综合了管理学、法学相关知识对企业商业行为进行计划、组织、管理和控制的理论和方法，"商"泛指企业的商业行为，也可解读为商事活动，"法"主要指与商业行为、商事活动相关的法律法规的集合。法商融合强调从商业规则和法律规则两个方面，规避企业经营风险和法律风险，这是对传统管理理论与方法的拓展与创新。

序 言

法商融合的深入推进，无论是对法学教育，还是对商科教育都是大有裨益的。法商融合更有助于打造富有竞争力的学科专业。西南政法大学商学院，前身是1985年的司法行政管理系。作为在传统政法院校中发展起来的专门从事商科教育与研究的学院，商学院基于学校法学优势学科以及错位发展的考量，自2004年以来一直秉承"法商融合"的特色定位，在师资队伍、人才培养、科学研究、社会服务等领域采取了系列举措，例如，我院在工商管理、审计学本科专业分别设置"卓越法商人才实验班""监察审计实验班"，在工商管理一级学科硕士点下设立法务管理学二级学科，依托法学一级学科设立审计与法治博士点培育学科。组建西南政法大学中国法治企业研究院，搭建扎实的科研团队和研究平台，积极探索审计与法治、司法会计、合规管理、劳动关系管理、知识产权管理等商科与法学交叉领域，促使我院在科研项目申报、学术成果发表、学术交流等方面取得了长足的进步。为了更好地促进法商融合研究与交流，推动法商实践深入发展，我们将前期积累形成的成果逐步结集出版，以期能有更多的理论者与实务者关注该领域。当然，囿于思考的限制以及研究的初步，成果在深度和广度方面还有待进一步提升，期望大家给予真诚的批评指正。

黄胜忠

西南政法大学商学院院长

西南政法大学中国法治企业研究院院长

2019年10月于重庆

前 言
FOREWORD

自改革开放以来，中国经济增长速度一直处于世界前列，现已成为世界第二大经济体。与此同时，环境污染和资源短缺问题不仅制约中国经济的可持续发展，也造成了地域发展不平衡。在这个背景下，中共中央和国务院提出了建设生态文明战略和可持续发展战略，其重要内容就是促进人与自然和谐共处，保护环境、维持生态平衡，实现国民经济、资源环境和人类社会三者协调发展。在中国社会主义市场经济体系中，使用自然资源最多、对生态环境影响最大的社会部门非企业莫属。企业主要是通过遵守环境保护法律法规来实现维持生态的目的，但这只是维持生态的基本要求，更高的要求是实施绿色发展战略、履行绿色责任，协调经济效益、生态效益和社会效益三者来实现企业的可持续发展。作为社会主义市场经济中的重要参与者，国有企业通过技术创新，实施绿色发展战略，既能够提高企业的劳动生产率，也能够促进经济效益进一步提高。同时，由于国有企业的经济规模和涉及社会经济生活的广泛性，国有企业在实施绿色发展战略上具有示范性。在新发展理念的指导下，国有企业发挥绿色发展的引领作用不仅有助于推进供给侧结构性改革，也能促进国有制造企业以创新为驱动力，研发绿色技术，转变经济增长方式，从而在整体上助力中国经济绿色发展战略的实施。因此，在建设生态文明战略的指导下，国有企业履行好绿色责任既是保护自然环境的客观要求，也是可持续发展的战略要求。

在传统的政治经济学分析框架中，一般认为环境保护税收对于环境成本的内生化效应明显，但是在推动绿色战略的实施上，则主动性不够。绿色审计作为政府部门对企业进行环境管理的重要工具，对于抑制生态环境污染和优化自然资源利用具有重要的监督和保障作用。然而，现阶段中国关于绿色审计的理论研究仍旧不够全面和系统，同时缺乏对中国绿色审计制度环境的研究，难以从理论上完善绿色审计这一制度安排对国有企业结合资源环境的保护性利用、经济成果和经营效率作出综合性的分析。为了解决这一问题，本书运用政治经济学基本原理，以经济学为主要研究方法，将经济学、管理学基础理论应用到国有企业绿色审计的分析当中，构建了基于国有企业绿色生产、绿色销售、绿色排放"三维一体"的绿色审计系统及其评价体系，促进国有企业履行其经济责任、绿色责任、社会责任与可持续发展责任。此外，本书从客观的制度背景出发，对中国现行绿色审计的法制环境以及相应的配套政策进行了研究，并提出了完善国有企业绿色审计制度的对策建议。

本书的研究意义体现在以下四个方面。

第一，绿色审计的经济学分析丰富了现有经济学研究的内容。将绿色审计纳入经济学研究的范畴是本书研究的新视角。一方面，本书以马克思政治经济学的级差地租理论和劳动生产率理论为分析工具；另一方面，本书采用制度经济学中的社会成本问题以及由此产生的外部性理论、企业社会责任、可持续发展理论为理论基础，对国有企业绿色审计进行经济学分析。本书试图将政治经济学、制度经济学与审计学相结合，梳理出绿色审计经济学分析的概念框架和理论框架，分析国有企业绿色发展的经济动因，进而从综合评价评分变化的角度衡量审计制度安排的监督和保障作用。

第二，本书从经济学视角完善了国有企业绿色审计的理论体系。本书基于国有企业生产经营的过程，以生产、销售、排放三个环节为核心构建了"三维一体"的国有企业绿色审计系统，旨在从经济学的视角，分析企业经济效益、社会发展效益和绿色生态效益的协同作用，以及如何以制度保障绿色生态效益的重要地位。通过绿色审计的制度安排，研究和分析国有企业的绿色责任，评估国有企业作为资源使用主体的绩效，能够促进国有企业采用更加科学的方式开发和利用资源，不再以粗放式的牺牲资源作为经济发展的代价，最终达成企业经济效益、社会效益和绿色效益的可持续发展。

第三，绿色审计系统为国有企业实现绿色发展提供理论支持。实践证明，环境监督是控制环境污染的必由之路，而建立完善的绿色审计监督体系是环境监督的重要路径。本书所构建的国有企业绿色审计系统，为规范国有企业实现绿色发展提供了理论支持。该系统有助于促进国有企业淘汰落后产能，向低碳方向发展从而履行中国的减排义务，摸索新的经济发展模式，打破国际间以绿色为屏障的贸易壁垒，以绿色发展模式提升国际竞争力，进而增强我国综合国力。

第四，本书能够促进国有企业绿色审计制度建设。配套的法律法规是国家治理机制运行的基石，建设国家治理体系需要法制支撑。我国正处在从传统社会向现代社会转型的过程中，计划经济时代的管制方式已经不再适应现代社会的需求，要用现代法治的理念来解决问题。法治是现代国家治理的基本方式，是现代社会存在的基本依据。全面推进依法治国对国家、社会运转就更加重要和紧迫。促进环境保护、维护生态也不例外，需要分析当下涉及环境资源有效利用、生态维持的法律法规、政策措施，梳理出其缺陷和遗漏，完善制度设计。所提出的对策建议既要适应中国市场经济的发展需要，也要适应保护环境、维持生态的需要，特别是要适应构建国有企业绿色审计机制的需要。

2019年3月

目 录
CONTENTS

绪 论 　1

第一节　研究背景和相关概念　1
　一、研究背景　1
　二、相关概念　3
第二节　研究目标和研究价值　4
　一、研究目标　4
　二、研究价值　5
第三节　主要内容和研究方法　7
　一、主要内容　7
　二、研究方法　10
第四节　创新点和研究意义　11
　一、创新点　11
　二、研究意义　14
第五节　文献综述　16
　一、社会成本与绿色审计　16
　二、可持续发展与绿色审计　22
　三、统一和谐与绿色审计　26
　四、绿色审计的本质与内容　29
　五、文献评述　32

第一章 国有企业绿色审计制度的起源与理论基础　　34

第一节　企业的绿色责任概述　　34
一、企业绿色责任的内涵与发展阶段　　34
二、国有企业履行绿色责任的现实意义　　40
三、绿色责任是国有企业社会责任的必然落脚点　　43
四、国有企业的经济责任与绿色责任　　44

第二节　国有企业绿色审计的理论依据　　48
一、马克思关于绿色问题的主要学说　　48
二、"绿水青山"论　　53
三、经济外部性与企业社会成本理论　　54
四、可持续发展与循环经济理论　　58
五、权变论与系统科学论　　60
六、委托代理与公共受托责任理论　　62

第三节　我国企业绿色审计的产生与发展　　66
一、绿色审计的产生　　66
二、我国绿色审计的发展历程　　67
三、绿色审计、资源环境审计与经济责任审计辨析　　70
四、我国企业绿色审计的发展趋势　　71

第四节　绿色审计概念框架与理论框架　　72
一、国有企业绿色审计概念框架　　72
二、国有企业绿色审计理论框架　　78

第五节　本章小结　　79

第二章 经济新常态、新发展理念与国有企业绿色审计　　81

第一节　经济新常态与新发展理念　　81
第二节　国有企业绿色发展的经济动因分析　　84
第三节　国有企业绿色发展的引领作用　　86
一、促进绿色经济发展理念的进一步形成　　86

二、引导行业研发绿色技术　　　　　　　　　　　87

第四节　国有企业绿色审计的战略价值　　　　　　　88

　　一、经济新常态背景下国有企业的重要地位和作用　88

　　二、国有企业是生态文明建设的重要保证　　　　　89

　　三、国有企业绿色发展责任的内涵和外延　　　　　89

　　四、国有企业绿色审计的重要战略意义　　　　　　90

第五节　本章小结　　　　　　　　　　　　　　　　92

第三章　国有企业"三维一体"绿色审计系统与评价指标体系的构建　　94

第一节　国有企业绿色审计总体框架　　　　　　　　94

第二节　国有企业绿色审计"三维一体"子系统　　　97

　　一、国有企业绿色生产审计子系统　　　　　　　　97

　　二、国有企业绿色销售审计子系统　　　　　　　　103

　　三、国有企业绿色排放审计子系统　　　　　　　　106

第三节　国有企业绿色审计评价的原则与内容　　　　110

　　一、国有企业绿色审计的评价原则　　　　　　　　110

　　二、国有企业绿色审计的评价内容　　　　　　　　112

第四节　国有企业绿色审计评价体系的构建　　　　　115

　　一、现有方法介绍与简评　　　　　　　　　　　　115

　　二、评价模型构建思路与步骤　　　　　　　　　　121

　　三、评价结果处理　　　　　　　　　　　　　　　125

第五节　国有企业绿色审计评价指标设计　　　　　　125

　　一、国有企业绿色审计评价的指标选取分析　　　　125

　　二、具体指标的设置　　　　　　　　　　　　　　126

第六节　本章小结　　　　　　　　　　　　　　　　133

第四章 国有企业"三维一体"绿色审计的计量分析 ——以 XA 钢铁公司为例　135

第一节　案例研究样本背景介绍　135
第二节　模型与指标检验　138
第三节　案例研究分析结论　149
一、国有企业"三维一体"绿色审计综合评分分析　149
二、国有企业"三维一体"绿色审计分项评分分析　150
三、经济效益、社会效益和绿色效益协同分析　151
第四节　本章小结　152

第五章 现行国有企业绿色审计制度依据、主要缺陷与原因　153

第一节　国有企业绿色审计现行制度依据　155
一、宪法　155
二、法律法规　155
三、国际环境保护条约与公约　156
四、具体的环境标准制度　159
第二节　现存制度主要缺陷　161
一、法律法规制度亟待健全　161
二、基于法律法规制度的配套制度作用有限　164
三、缺陷的原因分析　169
第三节　本章小结　170

第六章 完善国有企业绿色审计制度的对策建议　172

第一节　基本思路　172
第二节　具体对策　173
一、健全与完善绿色审计法律制度安排　173

二、强化绿色信息的公开与披露制度安排　　176

　　三、明确绿色审计范围并深化部门联动制度安排　　177

　　四、推进绿色审计主体与独立性建设制度安排　　178

　　五、创新实施全过程跟踪审计模式的制度安排　　180

　　六、制定配套激励与约束制度安排　　182

　第三节　本章小结　　183

第七章 **结论与展望**　　184

参考文献　　187

后　记　　198

绪 论

随着可持续发展理念在国内外逐渐成为共识，保护环境、维持生态平衡已经成为企业经营的基本理念之一，审计作为企业绿色转型的保障性制度安排，如何监督企业实施绿色战略的机制，逐渐成为广受关注的论题。本部分系统阐述了国有企业绿色审计的背景、概念及研究目标，并简要介绍本书的主要研究内容以及研究过程中所使用的方法，最后对相关中外文经典与前沿文献进行综述。

第一节 研究背景和相关概念

一、研究背景

(一) 国内环境污染问题是本研究的现实背景

在经历40余年经济高速发展后，环境污染问题正逐渐成为制约中国经济可持续发展的重要因素，也影响了人们的生活质量和社会和谐。原环境保护部2016年发布的《2015年中国环境状况公报》显示，中国338个地级以上城市中265个城市环境空气$PM_{2.5}$超标，占比高达78.4%，酸雨频率平均为14.0%。全国485条主要河流、湖泊与水库污染严重，划分等级为Ⅳ—Ⅴ类、劣Ⅴ类水质，其中较差（Ⅴ类）和差（劣Ⅴ类）分别占26.7%和8.8%；地下水质较差级和极差级比例分别为42.5%和18.8%。这些问题的形成是改革开放以来长期粗放经营，以"环境换经济"发展产生的。治理环境问题必然是一个漫长和复杂的过程，不仅需要庞大的资金投入，还需要在治理的同时加以监督，保障环境治理的效果。与此同时，治理环境需要多方论证、分步实施、严格监督、坚决问责，这就要求建立科学的环境治理监督工具来达成此目标（张永亮等，2015）[①]。因此，构建一套符合中国实际情况的绿色审计系统非常必要，并且具有急迫性。

（二）生态文明建设目标是本研究的政策背景

中国共产党第十九次全国代表大会提出"加快生态文明体制改革，建设美丽中国"，同时要求"必须树立和践行绿水青山就是金山银山的理念，坚持节约资源和保护环境的基本国策，像对待生命一样对待生态环境，统筹山水林田湖草系统治理，实行最严格的生态环境保护制度，形成绿色发展方式和生活方式，坚定走生产发展、生活富裕、生态良好的文明发展道路"。中国共产党第十八次全国代表大会报告以及其后的系列配套文件也强调，我们应该本着顺应、尊重和保护自然的生态文明理念去应对当下生态系统逐渐退化、环境污染日益严重、资源日益短缺的形势。习近平总书记指出，"我们既要绿水青山，也要金山银山。宁要绿水青山，不要金山银山，而且绿水青山就是金山银山"；"要正确处理好经济发展同生态环境保护的关系，牢固树立保护生态环境就是保护生产力、改善生态环境就是发展生产力的理念"；"只有实行最严格的制度、最严密的法治，才能为生态文明建设提供可靠保障"。[②] 由此不难看出，中国要走的是一条"人与自然和谐共处""经济与社会协调共进"的绿色发展之路。

绿色审计作为一种监督手段，是保障资源环境可持续利用和国家经济持续健康发展的重要保障。国有企业作为市场经济的重要组成部分，基于其资本性质和经济功能，其绿色责任相比于其他市场主体而言更加需要监督。通过监督国有企业环境保护的行为，引导其他市场主体环境保护理念的形成和

[①] 张永亮，俞海，夏光，冯燕. 最严格环境保护制度：现状、经验与政策建议［J］. 中国人口·资源与环境，2015，(02)：90—95.

[②] 新华网. 绿水青山就是金山银山［EB/OL］.［2017 - 08 - 15］. 2017 - 06 - 05，http://www.xinhuanet.com/politics/szzsyzt/lsqs2017/index.htm.

行为选择。选择"国有企业绿色审计"进行经济学分析，正是结合了中国生态文明建设战略的政策背景，探讨促进企业统筹兼顾经济效益、社会效益和绿色效益的国企绿色审计系统，以期减少经济发展与自然资源、生态环境之间的矛盾，实现经济与社会的协调发展。

二、相关概念

本书中的"绿色"是指新发展理念中的绿色发展要求。具体要求包括三个方面，一是要促进人与自然和谐发展，二是要推动低碳循环发展，三是要全面节约和高效利用资源。

审计是指审计机构通过检查某个组织（企事业单位）的财务报表以及相关信息，以达到监督、评价、鉴证的目的，审计结果可以作为利益关系人判断所需要信息的重要依据。

资源环境审计是指审计机构按照相关法律法规的要求，评估、监督和鉴证政府、企事业单位使用国有自然资源，履行保护和修复环境与生态等情况过程的总称。

经济责任审计是中国国家审计署创造性实施的一种审计形式，经济责任审计不同于传统审计的地方在于它改变了审计的重心，即不再仅仅围绕经济性问题展开监督、评估和鉴证，而是实现了经济性（economy）、效果性（effectiveness）、效率性（efficiency）的统一，不但要评价被审计单位有无以最低的资源代价获得预期的经营效果，还要评估其成本与产出之间的关系以及资金利用率的情况，故而也叫作"3E"审计。

绿色审计是以经济性、效果性、效率性、环境性作为出发点，对被监督单位履行绿色责任的情况展开一系列的评估、监督和鉴证的过程，这个过程新增了一个非经济因素，即环境性（environment），丰富了"3E"审计的内容。绿色审计是一门融合了多项知识和理论的学科，是近年来才兴起的一种审计模式，对于整个审计体系而言，传统财务审计是基石，经济责任审计、资源环境审计则是分支，而绿色审计是资源环境审计与经济责任审计的再度结合，图1是绿色审计与资源环境审计、经济责任审计的关系。

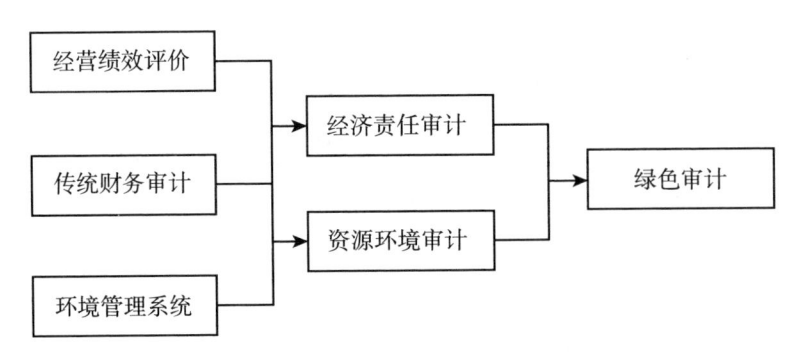

图1 绿色审计概念关系

第二节 研究目标和研究价值

一、研究目标

（一）丰富绿色审计相关理论并建立理论框架

深入认识国有企业绿色审计的本质并对其进行经济学分析，需要对现阶段相关理论进行回顾、梳理、评价。绿色审计区别于其他审计的重要特点是绿色审计线索难以获取、评价标准不易统一。在研究绿色审计时，必须充分考虑国有企业生产经营本身的特点及其履行绿色责任的国有资本属性。然而，从绿色审计的经济学研究的前期成果来看，涉及绿色审计系统应用的研究和理论较少，国外的经济学理论、审计学架构在政治基础上也无法与中国经济发展尤其是国有企业经营的实践完全契合，使得当前中国国有企业绿色审计的经济学研究需要在探索中进行。本书将建设生态文明战略作为指导，监督和约束国有企业履行绿色责任作为目标，旨在深化对国企绿色审计本质的认识，并且完善绿色审计相关的政治经济学、环境经济学和多重委托代理理论等框架。

（二）构建国有企业"三维一体"绿色审计系统

企业在生产过程中产生的"工业三废"（废气、废水与固体废弃物）、余热、噪声、光污染等排放物，如果不经过处理就自然排放则会造成自然资源利用效率低以及破坏生态环境等问题，即未达到履行企业绿色责任的效率、效果和经济性要求。本书认为国有企业履行好绿色责任的主要环节在于生产、销售以及排放，据此构建国有企业绿色审计总体框架与监督系统，同时构建绿色生产审计、绿色销售审计和绿色排放审计的"三维一体"子系统。生产环节位于国有企业整条供应链的源头，绿色生产责任是否履行完善将直接影响企业的绿色排放责任，也会影响到位于供应链中下游的销售环节的绿色责任履行状况，因此有必要对绿色生产责任加以审计。企业的绿色销售环节由建立绿色化供应链分销渠道、引导消费者购买绿色产品以及培养消费者绿色消费意识等内容组成。此外，由于仅有国有企业拥有碳排放交易项目的参与权，因而本书专门讨论了碳排放中的绿色排放审计。

（三）建立科学绿色审计评价指标体系

构建国有企业绿色审计制度的关键在于设计统一的科学评价标准，同时关注对经济责任、绿色责任、企业社会责任和可持续发展责任等评价维度的考量。没有一套科学、统一的绿色审计评价指标体系，不仅难以将国有企业经营者的经营成效进行量化，制约审计机制发挥应有的监督与保障功能，还会陷入对相关国有企业负责人的综合评价有失公允和难以客观的困境，进而掣肘国有企业长期的可持续发展。本书建立科学的绿色审计评价指标体系，能够定量指出被审计对象在履行经济责任、绿色责任、社会责任以及企业可持续发展责任各方面的缺陷与改进目标，进一步促进企业经济、社会和绿色责任的协同。因此，要实现国有资产保值增值、促进国有企业改革、保障国有企业走上绿色发展之路就需要这样一套科学、统一的国有企业绿色审计评价指标体系。

二、研究价值

（一）绿色审计在国有企业率先开展，具有引领作用

作为建设中国特色社会主义市场经济最重要的组成部分，国有企业是促进中国经济发展、实现中华民族伟大复兴的中坚力量。正是由于绿色发展既

能够提高劳动生产率，又能够优化级差地租所产生的经济利润，作为促进中国经济发展的中坚力量和重要引擎，国有企业通过绿色审计对自身履行绿色责任情况的综合评价，不仅能全面反映出企业发展的成效，还能促进淘汰落后产能和提高企业竞争力，进一步督促国有企业在生产经营过程中以绿色创新为驱动力，挖潜革新，以绿色技术从事生产，符合"新发展理念"中绿色发展的要求。与此同时，绿色发展之路是一项系统工程，通过"硬约束式"的监督体系，要求国有企业将经济责任、绿色责任、社会责任以及企业可持续发展责任融入自身发展规划、方案、体系中，在"新发展理念"的指导下积极探索以创新为驱动力，走绿色发展的道路，推动市场经济其他主体发展绿色经济、引导研发绿色技术、倡导国民进行绿色消费。加之，国有企业在中国经济中具有举足轻重的地位，能够带动和影响其他经济主体的经济行为，因此，国有企业规范履行绿色责任具有重大的模范引领作用，其率先实施绿色审计具有重要和长远的战略价值。

（二）绿色审计能够进一步监督、评价国有企业发展绿色战略

受托经济责任与绿色责任的逐渐融合是国有企业绿色审计产生的根本原因。随着全球经济的迅速发展，不可再生性自然资源稀缺程度愈来愈高，资源短缺以及环境危机已经成为全人类必须共同面对的问题。从受托经济责任到环境领域进而拓展到绿色责任，要求国有企业必须走向有效利用自然资源、以绿色技术创新为驱动力、积极维护生态环境的可持续发展之路。绿色责任评价作为对国有企业有效履行绿色责任的监督与保障的制度安排，在建设生态文明的背景下扩展审计的领域，扩大传统审计监督职能的范围，保障企业履行好绿色责任，由此产生了国有企业的绿色审计。环境保护不仅需要从宏观角度对生态环境和自然资源进行统一规划和治理，还需要利用绿色审计对其效果进行监督和保障。尽管存在生态文明建设大背景，但是由于企业自身的经济属性依然是以盈利为目标，那么企业资源环境的经济政策、可持续发展项目规划的制定以及企业对环境政策的实施和落实等都需要审计制度加以监督和保障，绿色审计的产生恰恰符合国家对环境相关政策落实情况进行监督的需要，同时也能保障企业绿色发展之路的顺利、畅通。

第三节　主要内容和研究方法

一、主要内容

(一) 国有企业绿色审计的研究

该内容主要涉及本书的绪论部分、第一章和第二章。绪论部分的文献综述对国内外相关研究进行了回顾、梳理与评述。通过文献梳理发现以下三个方面的问题：第一，目前国内外理论界对于何为绿色审计尚未达成共识。绿色审计并不是一个孤立的体系和学科，其由无数要素构成，并且要素之间的关联性极强。若只从中选取某一要素进行研究，就可能会影响最终研究成果的科学性与可信度。第二，绿色审计是一个庞杂的体系，各国对绿色审计的经济学研究的重视程度和投入力度各有所异，其定义与特点也因国情而不同，应该结合中国实际情况对绿色审计进行研究，探索具有中国特色的绿色审计制度，而非照搬照抄。第三，中国有关绿色审计的研究成果还停留在审计理论层面上，没有做到与经济学理论、管理学理论以及法学理论的结合，这是国内研究现有成果上的缺失。与此同时，由于将绿色审计制度的研究局限在审计理论中，难以阐明国有企业在新发展理念指导下进行绿色转型的经济动因，进而无法准确论述企业经济效益、社会效益与绿色效益之间的理论关系和相互作用。第四，绿色审计主体的研究成果寥寥无几。

第一章首先回顾了企业绿色责任的起源与发展阶段，在建设生态文明战略背景下，随着外部市场环境变化，企业的绿色责任也产生了相应的变化，具体表现为由末端治理发展到环境友好型生产经营战略。之后，解析了企业经济责任、社会责任以及绿色责任的区别和联系，表明三者内部各有侧重但是能够实现和谐统一。在此基础上，回顾了绿色审计的产生与发展历程，并依据马克思政治经济学中的级差地租理论与劳动生产率理论、制度经济中外部性理论、可持续发展理论、系统论与权变论、委托代理理论总结出国有企业绿色审计的概念框架和理论框架。政治经济学是中国社会主义建设的经济指导思想，对本书的经济学分析具有重要指导意义。西方经济学家的经济外部性理论以及权变论和科学系统论对本书的研究具有重要的启发作用。国有企业绿色审计理论的发展和进步与经济责任审计理论的支撑密不可分。

第二章表述了国有企业作为社会主义市场经济的重要组成部分，其规范履行绿色责任具有重大的模范引领作用。进一步的研究证明，国有企业的绿色审计具有重大的战略意义，包括监督国有企业落实绿色发展要求、促进淘汰落后产能和提高企业竞争力、正确反映绿色发展成效。首先，分析了在"十三五"这一难得的发展机遇时期中，国有企业改革与绿色发展离不开"创新、协调、绿色、开放、共享"新发展理念的指引，更离不开政治经济学理论的指导。促进国有企业走上绿色发展道路的经济动因有两个方面：一方面，绿色发展能够提高劳动生产率；另一方面，绿色发展能够优化级差地租所产生的经济利润。作为绿色发展的引领者，国有企业微观层面的绿色发展能够促进国家宏观发展绿色经济，也能够引导行业层面研发绿色技术。其次，重点阐述了国有企业绿色发展责任的内涵和外延，以及绿色审计的重要战略意义，即绿色审计在客观反映和评价国有企业的绿色发展责任的同时也为国有企业走上绿色发展之路保驾护航。

(二) 国有企业的"三维一体"绿色审计系统

该内容主要涉及本书的第三章和第四章。

第三章在全面考虑国有企业生产经营特征的基础上构建了国有企业"三维一体"绿色审计系统的总体框架，并详细分析"三维一体"审计系统的构建与运行。进而研究了该系统与企业内部生产经营、环境管理系统的联系，同时认为国有企业"三维一体"绿色审计的最终目的是监督与保障国有企业在生产、销售、排放等环节中保护好自然资源和生态环境外部系统。本章还设计了国有企业绿色审计评价指标构建模型，并以此模型为基础设计了国有企业绿色审计评价指标体系，该体系是国有企业"三维一体"绿色审计系统的重要组成部分。本书认为，国有企业绿色审计评价应当从四个维度进行，即建立包括经济责任、绿色责任、社会责任和企业可持续发展四个维度的评价模型，经过对比分析目前该领域中常用的几个评价方法，最后确定了通过模糊综合评价法（Fuzzy Comprehensive Evaluation，FCE）和层次分析法（Analytic Hierarchy Process，AHP）的结合方法来构建模型。

第四章利用案例研究的方法，选择了一家国有大型钢铁企业作为"三维一体"绿色审计指标检验的样本，详细介绍了该样本的基本情况，并将这个样本连续六年的数据导入模型，计算出研究样本2010—2015年国有企业"三维一体"绿色审计的综合评分与四大维度分别的得分情况。根据研究样本的评价结果可知，样本企业虽然处于行业的低谷期，但是由于企业实行绿色发展战略、走可持续发展之路，在总体上提高了经济产出的效果，同时又因为环境友好型产生、销售和排放的环节，在兼顾经济效益的前提下满足了社会效益与绿色生态效益。这一结论说明，审计作为企业进行绿色转型的制度保障，能够促进企业将经济效益、社会效益与绿色生态效益统一兼顾。

（三）国有企业绿色审计存在的问题与原因

该内容主要涉及本书的第五章和第六章。

第五章分析了现行国有企业绿色审计存在的问题与原因，本书认为国有企业绿色审计存在的问题主要在制度层面。本章首先分析了绿色审计现行法律依据，依据包括宪法、法律法规、国际环境保护条约和公约以及环境标准制度。其次，根据对制度的梳理和法条的分析，认为现阶段国有企业绿色审计制度存在两方面主要问题：第一，法律法规亟待健全，包括法律法规监督范围存在空白、法律法规缺乏可执行性、监督目标单一化的同时立法层次不高；第二，基于法律法规的配套制度作用受限，包括国有企业绿色审计文化尚未建立、审计主体运行机制设计不合理、绿色核算制度不完善导致审计评价指标体系不统一、审计方法落后制约环境证据取证以及审计结果缺乏约束力等。导致国有企业绿色审计存在以上问题的原因主要在于法治文化缺失、大陆法系立法受限、审计主体职责划分不清等。

第六章是针对国有企业绿色审计存在的问题与原因提出的完善对策。基于对国有企业绿色审计的经济学解释以及现行国有企业绿色审计制度存在的问题以及主要原因，本书认为处于起步阶段的绿色审计应该借鉴地方政府治理水污染采取"河长制"的制度安排，需要职责归属明确、权责清晰，在合理的路径选择基础上进行法律法规的完善与配套制度的创新。

二、研究方法

（一）归纳与演绎相结合的研究方法

本书采用归纳与演绎结合的研究方法。利用中国知网数据库、万方数据库、维普数据库和 EBSCO 数据库（ASC + BSC），EBSCO 数据库包含 Academic Search Complete（ASC）综合学科及 Business Source Complete（BSC）商管财经学术文献大全，对中国改革开放以来有关绿色审计的研究成果进行了梳理和研读，明确了研究方向。通过演绎法，分析了绿色审计与社会成本、外部性、可持续发展、"三个效益"（企业经济效益、社会效益和绿色效益）协同的文献并进行了文献评述；同时，利用归纳法对国有企业绿色审计制度的起源与发展进行了总结，为本书后续对国有企业绿色审计进行经济学分析奠定了坚实的文献基础。

（二）辩证与历史唯物主义相结合的研究方法

在研究中国绿色审计制度起源、发展及其弊端时，本书采用了马克思的辩证唯物主义和历史唯物主义相结合的方式，明确了研究框架；同时，本书将此研究方法融合绿色发展理论与经济责任审计理论，确立了本书的研究对象，构建出国有企业"三维一体"绿色审计制度；在该方法的支撑下，提出了建立完善国有企业绿色审计制度的具体路径。

（三）案例研究法

本书将案例研究方法运用于审计评价体系中，通过专家访谈、调查问卷的案例研究方法，设计国有企业绿色审计评价模型以及评价指标，并利用 excel 表格进行数据处理、YAAHP11.0 软件进行分层运算，最终得出国有企业"三维一体"绿色审计计量评价结果。在对案例数据的计量研究中，选取案例对象开始采用绿色审计的前后各三个年度为窗口期，利用综合评价体系对案例六年数据的综合评价分值进行计量分析，同时检验评价模型和评价指标设计的合理性。

第四节 创新点和研究意义

一、创新点

(一) 以马克思经济学为基础建立审计制度理论框架

本书将"创新、协调、绿色、开放、共享"新发展理念融入国有企业改革与绿色发展研究中,建立了以政治经济学为理论基础的国有企业绿色审计制度理论框架。从劳动的自然生产率角度可以发现,高水平的生态环境产生较高的级差地租,也就是同量劳动会生产出较多的使用价值。与此同时,良好的生态环境能够削减个体劳动者因污染所引发的劳动成本,绿色发展理念下的企业能够给相关行业提供优质环保的原材料和产成品,从而获得超额利润,进一步提高劳动的社会生产率。劳动的自然生产率和社会生产率共同提高的结果就是政治经济学视角下劳动生产率的综合发展。但是,在实践中,绿色生态效益往往受到冲击,这是由于企业自身以追逐利润为经营目的的经济属性导致并未主动地将社会成本内生化,仅被动完成保护环境的义务。这表明,经济效益、社会发展效益和绿色生态效益三者的协同需要构建相关制度来监督企业统筹兼顾绿色发展战略。对于国有企业而言,尤其需要构建融合了经济责任与绿色责任的审计制度。

(二) 丰富了基于政治经济学的绿色审计文献

一方面,虽然有专家学者就绿色审计展开了相关研究,但未在研究时考虑到中国国情。资源环境审计相关领域的大量研究表明,现阶段的研究成果集中在经济责任审计与环境资源审计,绿色审计偶有论述,在理论上并未形成体系,尚未有针对绿色审计的综合性研究,根据中国国情和企业实际情况所构建的绿色审计的经济学研究也不多见。另一方面,在中国经济新常态背景下,国有企业如何通过绿色审计制度实现企业可持续发展的研究较少。鉴于这一点,本书以马克思政治经济学基本理论与可持续发展理论作为出发点,对国有企业"三维一体"绿色审计系统的历史演变、组成、运行方式以及理论支撑进行了梳理和研究，并以之为依据，进一步研究了绿色审计的目标、流程、主体、范围和评价指标，以期改善中国绿色审计理论研究成果不够全面的现状。

（三）构建了基于政治经济学视角的绿色审计系统

本书构建的国有企业"三维一体"绿色审计系统在空间上覆盖企业的生产、销售和"三废"（废气、废水与固体废弃物）排放等最容易破坏环境的生产经营环节，在时间上将审计关口前移，贯穿事前、事中以及事后审计，是一种全过程的跟踪审计。本书建立的综合性审计系统涉及企业的环境管理系统、供应链系统、ISO14000 系列标准认证，也影响到企业外部的自然资源、生态环境系统，将为以后的研究奠定一定的理论基础。

（四）构建国有企业绿色评价模型与指标评价体系

国有企业"三维一体"绿色评价模型与计量评价指标体系的构建是本书的一个重要创新点，它是本书审计系统内容中绿色责任履行程度的量化评价。该计量评价体系通过 AHP－模糊综合评价模型对国有企业进行绿色审计评价，分别从经济责任、绿色责任、社会责任和企业可持续发展责任四个维度切入，因此该体系具有全面性、整体性、持续性的优点。在各行各业大力发展绿色经济、循环经济的当今，传统财务审计的内容已远远无法满足绿色审计的要求，后者在前者的基础上将被审计单位的可持续发展能力以及履行社会责任、绿色责任的情况纳入审计和评价范围。在过去，审计人员主要是通过定性评价的方式开展经济责任和资源环境审计评估活动，评估指标也大多是单纯涉及财务或者单纯涉及环境保护标准的指标，但是在绿色审计背景下，除了要关注财务指标之外，还应该选取一些有关企业环境保护标准、环境保护管理内部控制的指标，这样才能使整个审计评估体系趋于完整。在进一步的研究中，本书所选取的都是能够客观描述企业履行绿色责任、社会责任以及其可持续发展能力的指标。本书将指标体系中的计算公式应用到具体的一家国有企业中，对其2010—2015年绿色责任履行情况进行了综合评价，检验了评价模型及其指标体系，其效果表明，国有企业"三维一体"绿色审计量评价指标体系的可操作性和效率性。模型设计和指标体系设计得到了稳健的检验，检验结果表明了研究的可行性和结论的稳定性。

由于绿色审计理论的研究还处于萌芽阶段，绿色审计的供给与需求、实施绿色审计评价指标体系的路径等多方面有待进一步的探索，因而本书的研究仍旧存在一定的局限性，具体而言，本书对国有企业绿色审计还存在以下不足，可供后续的研究进一步的完善。

第一，在绿色审计供给方面，本书对绿色审计主体中政府审计的运行机制设计不够全面。以政府审计为主体的绿色审计运行机制需要审计报告和领导关系的改革。尽管本书提出绿色审计机构行政上隶属于国务院和省级审计机关，职能上隶属于审计委员会的"双重报告机制"，即尝试将绿色审计主体中政府审计的运行机制由行政型变革为独立型，以此保障绿色审计的独立性，提高绿色审计的整体效能，但是如何协调好绿色审计行政上和职能上的报告关系，以及"双重报告机制"是否存在改进空间等运行机制的具体问题，本书并未进行深入的研究。

第二，在绿色审计需求方面，本书并未区分强制性审计需求和自愿性审计需求这两个层次。这是因为，本书根据级差地租理论分析得出企业进行绿色发展的经济动因是协调经济、社会与绿色三种效益的协同关系，并通过绿色审计制度加以监督和保障，是一种由强制性绿色审计需求过渡到自愿性绿色审计需求的渐变选择。然而，有研究指出，该渐变过程受到国有企业管理层压力、机构投资者数量、公司治理结构等内生变量和市场集中度、非审计服务等外生变量影响，因此国有企业可能会存在规避自愿性绿色审计需求的机会主义行为，导致绿色审计制度对国有企业三种效益协同关系的保障作用失效。

第三，实施绿色审计评价指标体系的路径方面有待深入研究。尽管本书依据综合系统与弹性灵活并重、全面客观与重要性结合、可比性与可实现兼具、定量与定性相辅相成的原则设计出绿色审计评价指标体系，但其实施路径受到绿色审计评价取证受限、审计人员胜任能力不足等消极因素的影响。例如，在获取"温室气体排放达标率"绿色审计评价数据时，资源和环境数据的专业性、分散性、长期性对本书的研究是一大挑战，虽然本书提出深化与环境保护部门的联动并利用"碳足迹分析"等先进的绿色审计方法,然而如果过于借助联动的力量,会导致对一个项目投入的审计力量过多,审计资源浪费;反之,与环境保护部门联动过少,一些对环境造成重大影响的问题可能难以察觉,起不到应有的监督和保障作用。因此,如何与环境保护部门等外部专家组成有效的联动机制、高效实施绿色审计评价指标体系的路径是当前需要解决的困境,本书限于篇幅并未提出解决办法,这一问题需要在今后的研究中加以分析。除此之外,基于商业秘密问题的资源性指标资料不易获取,本书在资源性评价指标的设计上未有涉及,这对实施绿色审计评价指标体系的路径方面存在影响。

本书利用案例研究方法对绿色审计评价指标体系进行检验,其研究结论的应用效果、理论的外部效度有待进一步提高。一方面,应用效果的推广存在一定的局限,即国有企业绿色审计的研究结论是否能推广到其他所有制企业,如私有制企业绿色审计、合营制企业绿色审计有待进一步研究。尽管如此,本书着重探讨国有企业的绿色审计机制,对政府和社会资本合作(Public-Private Partnership,PPP)项目的环境影响评价与审计工作存在一定的借鉴价值。另一方面,本书的理论边界需要进一步实证检验,即选取不同的时间、不同的对象群体的面板数据再次对绿色审计评价指标体系进行实证研究。然而,由于绿色审计目前尚未在上市公司中完全实施,相关数据难以取得,因而本书选取案例研究方法进行探索性研究。

二、研究意义

(一)丰富了经济学研究的内容

将绿色审计纳入经济学研究的范畴是本书研究的新视角。本书以马克思政治经济学的级差地租理论和劳动生产率理论为分析工具,采用经济学中的社会成本问题以及由此产生的外部性理论、企业社会责任、可持续发展理论为理论基础,对国企绿色审计进行经济学分析。本书试图将政治经济学、制度经济学与审计学相结合,梳理出绿色审计经济学分析的概念框架和理论框架,分析国有企业绿色发展的经济动因,进而从综合评价评分变化的角度衡量审计制度安排的监督和保障作用。

（二）从经济学视角完善了国有企业绿色审计的理论体系

本书基于国有企业生产经营的过程，以生产、销售、排放三个环节为核心构建了"三维一体"的国有企业绿色审计系统，旨在从经济学的视角，分析企业经济效益、社会发展效益和绿色生态效益的协同作用，以及如何以制度保障绿色生态效益的重要地位。通过绿色审计的制度安排，本书研究和分析了国有企业的绿色责任，评估了国有企业作为资源使用主体的绩效，从而促进国有企业采用更加科学的方式开发和利用资源，不再采用粗放式的以牺牲资源为代价的经济发展方式，最终达成企业经济效益、社会效益和绿色效益的共同发展。

（三）为国有企业实现绿色发展提供理论支持

实践证明，环境监督是控制环境污染的必由之路，而建立完善的绿色审计监督体系是环境监督的重要路径。本书所构建的国有企业绿色审计系统，为规范国有企业实现绿色发展提供了理论支持。该系统有助于促进国有企业淘汰落后产能、向低碳方向发展从而履行中国的减排义务，摸索新的经济发展模式，打破国家间以绿色为屏障的贸易壁垒，以绿色发展模式提升国际竞争力，进而增强我国综合国力。

（四）促进国有企业绿色审计制度建设

配套的法律法规是国家治理机制运行的基石，建设国家治理体系需要法制支撑。我国正处在从传统社会向现代社会转型的过程中，计划经济时代的管制方式已经不再适应现代社会的需求，要用现代法治的理念来解决问题。法治是现代国家治理的基本方式，是现代社会存在的基本框架。全面推进依法治国对国家、社会运转就显得很重要和紧迫。促进环境保护、维护生态也不例外，需要分析当下涉及环境资源有效利用、生态维持的法律法规、政策措施，梳理出其缺陷和遗漏，完善制度设计。所提出的对策建议既要适应中国市场经济的发展需要，也要适应保护环境、维持生态的需要，特别是要适应构建国企绿色审计机制的需要。

第五节 文献综述

一、社会成本与绿色审计

(一) 社会成本

西斯蒙第（1819年）率先提出"社会成本"理论。他指出，对于不合理使用资源所导致的各种社会成本必须由企业承担，并在其撰写的理论成果《政治经济学新原理》中进行了进一步的阐述。[1] 科斯（1960年）对社会成本问题进行了更为详尽的论述，他系统分析了社会成本在资源配置中的作用，并研究了权利的初始界定对资源配置的影响，本书的理论基础部分将对科斯的思想做深入分析。[2] Steven（1998年）将该理论作为探讨环境问题的重要内容，同时就生产方式中导致的大气污染和水污染、农产品数量下降、动植物种类减少和饮用水困难等所产生的社会成本，并将其传输到外部的有关问题作了探讨。[3] Nadja Guenster 等（2011年）指出，影响生态效益的因素非常多，如各种有毒气体和废弃物的随意排放、资源利用率低、供应链管理机制不健全、产品可回收性差等都会对其产生重要的影响。以上学者在研究过程中都同时考虑了环境审计和社会成本两者之间的关系，并将其结合起来进行分析。[4]

针对如何有效破解社会成本问题，国内学者从不同角度进行了分析。

黄浩（1998年）认为应该依靠技术水平的提高来解决这个问题。黄浩（1998年）根据中国国情，就"环境库兹涅茨曲线"进行了分析，通过研究

---

[1] ［瑞士］西斯蒙第. 政治经济学新原理 [M]. 何钦, 译. 北京: 商务印书馆, 1964: 28—29.
[2] R. H. Coase. The Problem of Social Cost [J]. The Journal of Law and Economics, 1960 (3): 1-44.
[3] Steven G. "Beyond the Dark Clouds: Pigou and Coase on Social Cost", History of Political Economy, 1998 (30): 601-625.
[4] Nadja Guenster, Rob Bauer. The Economic Value of Corporate Eco-Efficiency [J]. European Financial Management, 2011 (10): 679-704.

指出当生产力水平不高时人类影响自然的能力相对较低，所以污染较小，环境通过自己的净化能力就可以保持其生态平衡；但是在农业化、工业化时代，能源消耗迅速膨胀，污染达到了曲线的高峰值；随着生产力水平的进一步提高，经济发展到一定程度，人类环保意识增强，投入到环境治理中的资金大大增加，再加上先进技术的使用，此时环境退化能够得到较好的改善。① 冯薇（1999年）认为非对称性特征在技术提升的过程中非常明显，资源开发利用技术的发展对环境保护的意义非同小可。②

近年来，学者们越来越关注以严格的监管措施来有效解决社会成本问题。刘鸿明（2016年）以"金融化"为切入点，对四种交易行为所引起的社会成本进行了探讨，他指出金融衍生体现在两方面：一是社会成本随着时间的推移逐渐累积而不断增高；二是私人成本逐渐开始外化。③ 茅于轼（2015年）以经济合理性作为探讨重点，认为应该将其分摊到人头，同时针对怎样缓解环境压力提出了意见，认为应该采取私人成本策略来应对该问题。④ 王冬等（2015年）以比较分析法对该问题作了探讨，提出了探讨成本—效益的方法和途径，并介绍了操作理论等，还就财政资金投入环境保护后能够获得的回报进行了研究。⑤ 王正军等（2014年）以利益相关者作为切入点对外部成本问题作了分析，指出外部成本内化程度的关键因素就是利益主体之间为了追求自身利益而进行博弈，同时让其整体利益达到最佳状态。⑥ 张长江等（2014年）以生态经济互动为出发点，认为目前生态和环境成本效益还没有很好地统一起来，学界应该高度重视对生态效益和与之相关的外部性会计有关问题进行探讨。企业要想获得更高的生态投资回报，走生态化生产经营之

---

① 黄浩. 外部性治理与我国可持续发展战略 [J]. 决策探索, 1998 (11): 16—18.
② 冯薇. 发展经济学 [M]. 北京: 经济科学出版社, 1999: 4—5.
③ 刘鸿明. 反思金融危机: 基于金融化视角的成本分析 [J]. 西安文理学院学报, 2016 (6): 51—55.
④ 茅于轼. 把社会成本量化到人 [J]. 资本市场, 2015 (3): 13.
⑤ 王冬. 成本—效益分析在绩效评价中的运用 [J]. 财政监督, 2015 (8): 55—57.
⑥ 王正军, 彭会兵. 基于利益相关者视角的外部成本内部化探析 [J]. 成本管理, 2014 (12): 102—103.

路，就必须高度重视生态和经济效益两者的有机统一。①贺立龙等（2013年）高度赞同庇古提出的社会成本理论方面的观点，特别是其提出的积极缩减社会与私人产品之间距离的思想，认为应该继续实现最大的社会福利状态，进一步优化资源配置，并把法律制裁、政府监管、市场重构等有机统一起来，从而进一步发展了庇古的社会成本理论。②刑会强（2012年）通过研究分析形成了交易成本公共物品论的理论成果，他认为财政法的经济学是以交易成本作为基础的，而不是外部性本身。③赵万一等（2011年）对康菲事件作了深入探讨，通过分析指出私益诉讼带来的后果是让污染环境的企业没有完全承担其外部性责任，认为应该从构建环境公益诉讼制度出发，让经济活动中所发生的私人成本与社会成本等同起来。④

（二）经济外部性

从国外在社会成本方面的研究来看，大多数学者都提出应该充分利用政府职权来有效解决外部性问题。Mill（1848年）就灯塔问题作了探讨，此时学界还没有出现外部性理论，不过其观点引起了学界对外部性问题的关注。Sidgwick（1887年）在 Mill 的基础上对其理论进行了发展，他指出在企业追求经济效益的过程中，私有成本与社会成本及两者的收益并没有完全等同起来，因此他希望政府能够对其进行干涉。⑤

MarShall（1890年）是第一个提出"外部经济理论"的学者，同时他就企业经济活动类型进行了划分：所有在生产过程中出现规模扩大并创造了经济价值的货物，都同时具有内外部经济两个方面。他是第一个在经济学研究中探讨"外部性"问题的学者，这一理论为从经济学层面探讨环境问题奠定

---

① 张长江，赵成国．生态—经济互动视角下的企业生态经济效益会计核算理论与测度方法：文献综览与研究框架［J］．生态经济，2014（4）：55—63．
② 贺立龙，陈中伟．论社会成本问题现代分析范式的形成：科斯与庇古之争，是思想颠覆还是理论共建［J］．求索，2013（10）：223—225．
③ 刑会强．财政法的经济学根基：交易成本公共物品理论的提出［J］．政法论丛，2012（1）：39—45．
④ 赵万一，朱明月．公司环境责任担当与公益诉讼［J］．重庆社会科学，2011（12）：62—66．
⑤ ［英］安东尼·阿特金森，约瑟夫·斯蒂格里兹．公共经济学［M］．蔡江南，译．上海：上海人民出版社，1996：16—18．

绪 论

了理论基础，他指出从环境经济的角度来看，企业在使用环境资源获得经济效益的同时并没有支付与之对等的外部成本，这表明学界开始使用经济学理论来探讨环境问题。①

Pigou（1924年）的理论成果对本领域的研究有着重要意义，他的贡献主要体现在两方面：一是提出了两个概念，即社会和私人边际净生产概念；二是对两个概念之间的对等关系作了论证，并指出只有这样才可以让资源优化配置。也就是说，如果这两者不对等就有可能导致经济外部性。针对如何求解经济外部性，Pigou认为可以使用修正税理论来对其进行解释，主要是要求外部不经济企业缴纳修正税，其额度等同其外部不经济性价值，也就是让企业为由于自身生产经营不当所产生的外部经济价值承担相应的费用，而不能将其转移给公众，以造成社会成本提高。也就是说，利润最大化要求企业一定要以社会边际成本来对自己的产出规模作出要求，让私人和社会成本两者等同，避免发生负外部性问题。②

Coase（1960年）是"交易成本"理论的提出者，这一理论为外部性问题奠定了制度基础。科斯指出庇古提出以修正税来解决外部性问题的策略存在一个缺陷：对污染者到底有没有污染资格的问题没有进行确定，只是主观认为其被污染度对象有着不被污染的资格。科斯指出要从交易成本的方向着手来对负外部性进行定量分析，当交易成本是零的时候，就可以利用交易与商讨来让资源实现配置最优状态，不过当其数值不等于零时，就要考虑制度和选择的问题，这至关重要。③

与上述观点相同的是，我国学者也认为应该借助市场或政府的力量来解决外部性问题。王万山（2007年）就科斯和庇古两者提出的观点进行了比较分析，认为他们存在一定的共同点，就是都认为应该使用某种方法来达到"外部性内部化"，进而确保市场的正常运行，不过，他认为庇古提出的理论

---

① [英]阿尔弗雷德·马歇尔. 经济学原理[M]. 廉运杰,译. 北京：机械工业出版社，2003：126—127.
② [英]庇古. 福利经济学[M]. 金镝,译. 北京：华夏出版社，2007：23—26.
③ R. H. Coase The Problem of Social Cost [J]. Journal of Law & Economics, 1960, 3 (4): 1–44.

比科斯提出的理论更有价值。[①] 饶风云（2012年）在对生产者外部环境性理论进行探讨时指出，如果政府、社会等对企业生产没有严格的监督，那么后者一定会直接进行排污，这是因为治理污染一定会让企业成本提高。也就是说，企业把原本应该自己承担的治污费用转移到了公众身上，由此产生了环境负外部性，它给同样在环境中生存的其他人利益造成了损害。[②] 张小红（2013年）在探讨外部性问题时选择以大型企业作为研究对象，并指出大企业通常会选择以"三步走"的方式来解决外部性问题。[③] 卜欣欣（2015年）对蒂博特模型进行了研究，认为在城市由于公众人数多、公共物品规模大，因此应该采用分权的模式来提高其效率，他认为要解决外部性内部化问题的关键在于政府，要让政府与前者保持同样的状态。[④]

（三）基于社会成本、经济外部性的监督措施

为应对经济外部性问题并降低社会成本，政府会制定合适的法规政策，进行必要的调控或提高监督水平。美国民间组织成立的 SRI（Socially Responsible Investment，社会责任投资）能够指引公司承担自身的社会职责，其具体实施是借助股票的形式引导企业关注环保。投资者倾向于选择能够依法承担社会职责公司的股票，由此间接督促企业积极的承担责任。NPO（Non-profit Organization，非营利组织）等社会组织也积极地对企业经营行为及承担的职责进行监督。NGO（Non-government Organization，非政府组织）也能发挥监督作用，带动公司积极的承担自身社会责任。美国的研究人员萨米尔森认为，通过任何形式应对外部经济现象，最为有效的措施是将外部经济效果内部化。同时，萨米尔森总结出怎样实现内部化的方法，如通过税收和津贴、企业合并、重新界定产权、政府实施管理政策。[⑤]

[①] 王万山. 庇古与科斯的规制理论比较 [J]. 贵州财经学院学报，2007（3）：23—28.
[②] 饶风云. 企业环境社会责任研究 [D]. 河南大学硕士学位论文，2012.
[③] 张小红. 对大企业外部性问题的研究 [J]. 价值工程，2013（2）：118—119.
[④] 卜欣欣. 环境外部性、蒂伯特模型、城市政府：客服环境外部性的制度思路 [J]. 中国城市经济，2011（4）：26—28.
[⑤] [美] 保罗·萨缪尔森，[美] 威廉·诺德豪斯. 经济学：第十八版 [M]. 萧琛，译. 北京：人民邮电出版社，2008：131—133.

我国的研究人员考虑到国内的经济环境和法律体系进行了相应分析。孙钰（1999年）主张政府实施积极的干预政策应对外部性，做好正外部性公共物品的修建工作，确保外部性能够实现逐步的"内化"，这也能为经济的进一步发展奠定基础。[①] 黄浩（1998年）认为国内产业机构在整改中需进行必要的外部性治理，在具体实施时可以革新资源价格、处理好环境污染，确保高消耗资源类型的公司逐步淘汰，激励技术能力强劲的公司发展，由此产业结构方可实现逐步革新。[②] 张卫（2002年）主张外部性中的外部出现在市场机制中，因为价格体现中没有合理呈现出经济活动所产生的副作用，同时其还认为建立完善的排污费标准、征收环境税或生态环境补偿费后，社会成本会有一定的缩减且环境问题会得到改善。[③] 贾成中（2009年）在研究时考虑到了企业生态责任，认为政府是制度的主要制定者，需制定合理的调控方针并完善必要的激励政策，确保公司在日常发展中能够实现收益并承担必要的社会责任。[④] 薛玉娇（2013年）在分析时总结出为何会出现外部性问题，主张若市场失灵可借助征税补贴、自愿协商及整改管制等策略合理的解决。[⑤] 张学刚（2010年）认为外部性是一个经济主体作出的经济行为可能对其他主体带来没有被市场交易、价格体系呈现出的作用，通过公式表达为：$Y_1 = A \cdot f(XA_i, Z)$，同时其还主张外部性最为典型的表现就是生态问题，他也考虑到这一问题并总结出可以带动企业主动承担环境保护责任的可行性方针，由此处理好外部性问题。[⑥]

王春业等（2015年）在分析外部性问题时，将研究结论运用在权利冲突中，并认为要想处理好外部性问题可关注意志自治、立法、司法等几个维度。[⑦]

---

① 孙钰. 外部性的经济分析及对策 [J]. 南开经济研究，1999 (3)：31—34.
② 黄浩. 外部性治理与我国可持续发展战略 [J]. 决策探索，1998 (11)：16—18.
③ 张卫. 环境问题的经济学分析 [D]. 东北财经大学硕士学位论文，2002.
④ 贾成中. 企业生态责任的经济学分析 [D]. 吉林大学硕士学位论文，2009.
⑤ 薛玉娇. 外部性的产生及解决措施 [J]. 湖北函授大学学报，2013 (8)：39—40.
⑥ 张学刚. 环境管制政策工具的演变与发展 [J]. 湖北经济学院学报，2010 (4)：94—98.
⑦ 王春业. 外部不经济理论视角下的权利冲突分析 [J]. 湖南师范大学社会科学学报，2012 (1)：48—52.

二、可持续发展与绿色审计

(一) 可持续发展在会计领域的相关文献

国外学者在分析企业的可持续发展时,总结出的结论并不多,1970年左右企业会计核算中才开始引入可持续思想。代表作有:比蒙斯的《控制污染的社会成本转换研究》(1971年),马林的《污染的会计问题》(1973年)。

Adisa Azapagic(2004年)在研究中第一次总结出可持续发展指标,并选取了经济、社会及环境等维度。Damjan Krajncetal(2005年)以 Adisa Azapagic 的研究成果为基础,制定了可持续发展综合性指标——ICSD(the Insurance Capability of Sustainable Development)模型,同时使用AHP法对该指标分维度进行详细计算。

Frank Birkin 和 David Woodward(1997年)在《可持续发展会计》一文中明确指出,一方面会计会跟着周围审计环境的变动而作出相应的调整,另一方面在核算企业成本时应考虑到企业对周围环境的影响。[1] 通过这一研究可以看出,随着会计核算的变动,企业需更加关注到可持续发展,为能维护好会计核算所发挥的作用,需能关注到环境保护问题,由此企业在制定会计核算目标时也应有相应的调整,调整的具体过程为:从经济效益转变至生态效益,再将两者结合成生态经济效益。

Joanne Di Sano(2006年)在《可持续发展的全球化》一文中[2]详尽地研究了何为可持续发展。选取社会责任的角度进行分析,关注环境问题确保后代能够实现基本的生活水平,这也是可持续发展的理念。同时,Joanne Di Sano 通过本次分析总结出,评估是否符合可持续发展理念,主要有以下几点体现:消除贫困和剥削、维持资源的稳定并提升资源额度;考虑到社会及文化层面,拓展可持续发展的理念;以经济水平提升和环境保护为基础,作出相适应的可持续发展策略,由此满足不同企业的需求。

---

[1] Frank Birkin, David Woodward. Accounting for the Sustainable Corporation [J]. Environmental Management & Health, 1997, 8 (2): 67—72.

[2] Director D S. Meeting the Johannesburg Target [J]. Natural Resources Forum, 2006, 30 (2): 85.

阿尔弗洛德在研究时通过现金流瀑布总结出何为可持续发展。阿尔弗洛德（2002年）主张实施可持续发展理念是可以促使企业获取更多利润的，并主张企业价值其实质便是股东价值。[①] 同时，认为可持续发展会促使股东价值的提升，但短期内对可持续发展的投入通常并不会直接提升股东价值，甚至会缩减股东价值。从这一角度出发，可以总结出基于股东价值的可持续发展内涵：若某个公司可以承受的增长，换言之没有发行新股，那么在既定经营毛利率假设下，每一元销售增长对应投资的增长就是可持续发展，即目标资产负债率、目标股利分配率下的企业每年最大的业务增长。同时，这也是一种可以用于评估财务经营战略的方式。

国内的研究成果，如袁嘉新（1999年）对可持续发展机制予以相应分析，主要从人口、资源和环境、经济、社会等各个层面予以研究，主要分析可持续发展核算机制中应涵盖的维度，并构建符合我国实际发展状况的可持续发展机制，具体涵盖指标、核算标准、核算表、账户。[②]

王立彦、尹春艳、李维刚（1998年）进行了相关研究后撰写了《我国企业环境会计实务调查分析》一文，他们在分析环境成本时对空间、时间进行了细分，同时考虑到内部与外部、过去与未来等不同维度的分类，由此应对好环境污染问题，规避未来经济发展中可能引发的不良后果。[③]

李晓西、赵少钦（2004年）主张我国在实行可持续发展时会遇到一定的阻碍和难题。之所以会形成"成本效益"思想，其中的缘由是企业管理人员有着传统性的经济增长思想，社会也会形成一种思维惯性。部分企业一味地追求利润、缩减成本，因此会降低环境污染治理方面的支出，甚至排斥承担自身应履行的社会责任，由此提升自身短期收益，这种行为并没有考虑到未来长远的发展。所以企业管理人员需革新自身的传统发展思想，再次界定企业在社会发展中扮演的角色。这一过程中最为重要的是，需能认识到可持续

---

① [美] 阿尔弗洛德.创造股东价值 [M].于世艳,译.昆明：云南人民出版社,2002：8—10.
② 袁嘉新.中国可持续发展监测评价系统研究 [A] //中国科学技术协会,浙江省人民政府.面向21世纪的科技进步与社会经济发展：下册 [M].北京：中国科学技术出版社,1999：2.
③ 王立彦,尹春艳,李维刚.我国企业环境会计实务调查分析 [J].会计研究,1998(8)：19—25.

发展中蕴含的成本与效益思想,由此企业方可实现可持续发展。①

(二) 可持续发展与绿色审计的相关文献

分析审计工作的实质能够得出,之所以进行审计工作是因为需要兼顾受托经济责任和未来的发展。环境污染日益严重化以后,需要关注到环境保护问题,受托责任也拓展至环境层面,进而成为受托环境责任。要想合理地履行受托环境责任,需对企业日常发展中的环境职责予以必要的监督。

国外学者对这一领域进行了研究。丁桑托克(1983年)主张,社会责任审计即针对组织的社会形态而实施的独立、公正的评估活动,这里的形态主要是指企业需合理履行自身的股东责任,同时还需做好必要的社会责任。Poe(1994年)主张社会责任实质上反映的是一个企业的社会意识层面。Vinten(1998年)主张社会责任审计实质上是对一个公司进行的评估,通过评估可以总结出一个公司作出经济行为的过程中应关注到哪些层面,同时针对这些层面,处理好可持续发展和传统发展目标间的平衡性。霍默·约翰逊在分析社会责任审计时,认为社会责任是分析、总结标准的一项活动,能够分析、评估、披露出组织的伦理、社会及环境变动的一项活动。社会责任审计关注到公司在履行社会责任的过程中,需做到的规范性准则。Domini(1997—1999年)构建了第一个可持续发展评估指标机制,由此对美国400多家企业的经济活动进行审计,主要分析企业的社区关系、多样性、职工关系、产品及对环境带来的影响等层面。

我国对该方面的研究仍不够完善。1972年世界环境与发展委员会发表了《我们共同的未来》的报告,之后1992年联合国环境与发展大会召开,由此世界各国均开始认识到可持续发展的重要性,以此为基础解决好人口、环境、资源等多个问题。1990年左右,国内研究人员开始分析企业经济责任审计,其和一个国家整体经济发展间存在一定关联性。

代凯(1997年)主张,企业环境责任审计实质上是对一个企业环境保

---

① 李晓西,赵少钦. 可持续发展的成本效益分析 [J]. 北京师范大学学报:社会科学版,2004(7):7—8.

护、是否积极承担社会责任等方面予以评估、审核的一个过程。[1] 陈思维（1998年）主张，环境审计实质上是审计机构、公司内部审计人员及注册会计师，对组织的环境管理、经济行为对周围环境带来的影响予以分析、审核和评估的活动，由此确保组织可以主动、高效地向可持续方向发展，满足可持续发展理念。[2] 高方露、吴俊峰（2000年）主张环境审计即一种环保组织、环保管理机制的一项措施。最高国家审计机关在北京举行的环境审计研讨会（2001年）中提出：环境审计即最高审计部门对国内政府机构或企业、事业单位予以审查，评价其环境管理和与之有关联行为是否真实、合规，并对各项行为予以监督的一个过程。通过这一定义能够看出，企业的环境责任审计是非常重要的。[3] 陈正兴（2001年）出版了《环境审计》一书，其主张环境审计是指能够对生产与生活中出现的环境问题予以改善、处置，并对经济行为是否合规、有效予以审查的一个过程，通过审计活动辨别经济行为是否合规、产生的效益是否达标，由此确保企业的经济活动能够符合可持续发展理念的一种监督活动。

高桂林（2005年）在《公司的环境责任研究》一书中，遵从可持续发展理念，结合企业发展需遵守的法规条例，研究企业需承担的环境责任，认为需逐步建立健全企业环境行政法，由此指引企业为自身的行为承担相应的法律职责。李永臣（2007年）对环境责任审计进行了分析，认为审计机构和政府部门具体负责审计工作，由它们对企业生产和经营活动中的真实性、合法性及效益予以审核，由此带动企业积极地承担环境责任，进而做到可持续发展。[4] 李雪等（2011年）对前人总结出的研究理论予以引荐后拓展了可持续发展理念，主张环境审计指标中涵盖外部和内部等两个层面。在对环境职责予以分析后能够协助生态环境的保护，进行审计的终极目的仍旧是维护环境。[5]

---

[1] 代凯. 试论企业环境责任审计 [J]. 审计与经济研究, 1997 (1): 9—11.
[2] 陈思维. 环境审计的理论结构 [J]. 审计理论与实践, 1998, (03): 12—14.
[3] 高方露, 吴俊峰. 关于环境审计本质内容的研究 [J]. 贵州财经学院学报, 2000, (02): 53—56.
[4] 李永臣. 环境负债的会计研究 [J]. 会计之友：上旬刊, 2007, (11): 13—14.
[5] 李雪, 石玉, 王纪瑞. 对环境审计目标的再认识 [J]. 财会月刊, 2011, (18): 78—80.

周月娴（2013年）主张，可持续发展需结合经济、社会、资源等各个维度发展需求，实现不同层面的协调发展，提升环境审计水准能够不断促进社会形成经济平稳发展、资源节约、环境友好的良好状态。本书对资源环境审计进行了研究，由此分析为何需要进行可持续发展，考虑到现阶段资源环境审计中出现的缺陷，制定出合理的应对方案。[①]

20世纪末期，中国审计学会筹办环境审计研讨会，一定程度上带动了环境审计的发展。1998年，审计署出台环境审计在实施中需遵从的标准。2003—2007年的审计工作发展规划中再次指明：应逐步建立财政、环境、经济责任等方面的审计团队，优化审计人员的分配，最大效率地开展审计活动。

三、统一和谐与绿色审计

（一）人与自然和谐共处的监督机制

在全球化程度不断加深的现代社会中，世界各国人民都想要实现一个共同目标，即人类与自然和平共处，建设和谐社会，步入以生态文明为主的科学发展道路。和谐社会和生态文明是相辅相成的两个方面，两者的最终目标是一致的，都想促使人和自然和谐相处，由此可以看出，该目标在人类社会发展中有着关键性的地位。十八大报告中第一次把构建生态文明列为党的行动纲领，这象征着全面建设小康社会迈向了一个全新的发展时期，同时也象征着人和自然相冲突的问题得到了真正的处理。然而，如何适度处理人和自然的关系，推动两者和谐相处？人和自然的和谐能给社会带来怎样的益处？这些都是我们需要面临的问题。

想要建成生态文明，步入可持续发展的科学道路，必须要肩负起一定的社会责任，绿色责任则是其中一个重要问题，它能够从经济管理的角度上体现出企业在生产和生存手段上的变动，重视经济、社会与环境效益的一致性，在经济水平得到提升时，还要将企业本身与自然联系在一起，使得双方可以和谐相处、共同进步。环境审计在实现绿色审计中起到关键性的作用，因此，绿色审计能够更好地监督人和自然的相处状况。

---

① 周月娴. 推进资源环境审计 促进可持续发展［J］. 经济与社会发展，2013，（02）：42—44.

（二）绿色生态效益关系的研究综述

企业经济效益与环境效益呈现正比例关系。Porter（1995年）表示环境效益是企业能在市场竞争中脱颖而出的潜在原因，环境绩效优异能够推动企业提高生态运作水平。Shrivastava P.（2000年）表示在环境问题的处理上更加科学有效，有利于进一步实现资源的合理运用，从而降低企业成本，提高市场竞争力。DiXAon（2004年）表示，环境效益的优劣对企业本身的发展起到关键性作用，将环境带来的压力变成企业取得发展的动力和机会，这对股东来说也是很好的投资项目。

杨东宁（2004年）表示组织能力可以促使企业环境和经济绩效产生有效联系，在此基础上构建的环境绩效评判机制可以推动企业环境绩效的发展，从而得到相应的理论模型，即"基于组织能力的企业环境绩效"，以环境管理能力为着力点，致力于研究出有利于企业实行环境绩效评估的基本手段。[1] 温彬（2008年）把46家上市公司2003—2007年的数据当作探究对象，将面板数据模型应用其中，探究企业社会责任和财务绩效两者间存在的联系。从探究结果可以了解到以下三个方面的内容：第一，上市公司逐渐知晓了主动肩负社会责任的关键之处，然而有关社会责任的信息公开度较低；第二，对大部分企业来说，社会责任的变量与当时的财务绩效成反比；第三，就长期而言，社会责任的增加能够提高企业财务效益。陈璇等（2008年）以津、沪、渝这三个地方的百强企业为研究对象，收集2008年有关环境绩效和经济绩效的资料，探究发现环境绩效的提升可以促进经济发展，并且这种关系不会因为地域上的不同而表现出明显区别。除此之外，他们还探究了环境绩效、环境信息披露以及经济绩效这三者的联系，从而找到探究过程中存在的缺陷。[2] 吕峻（2011年）则表示，环境绩效和财务绩效呈现明显正比例关系[3]。

---

[1] 杨东宁，周长辉.企业环境绩效与经济绩效的动态关系模型[J].中国工业经济，2004，(04)：43—50.
[2] 上海市企业联合会，上海市企业家协会课题组，郑峥嵘，陈璇.2008上海、天津、重庆三地100强企业的对比分析[J].上海企业，2008（10）：17—19，45.
[3] 吕峻，焦淑艳.环境披露、环境绩效和财务绩效关系的实证研究[J].山西财经大学学报，2011，(01)：109—116.

(三) 绿色生态效益与审计研究综述

在企业实际管理过程中，应该把绿色责任理念贯彻其中，这不但是构建生态文明的条件，同时还有利于企业未来的成长；不但是促进人类和生态环境和谐共处的动力，还可以减少社会成本，使社会资源得到充分利用。生态文明的核心思想就是尊重、保护生态环境，将人类社会的永续发展当作着手点，努力步入可持续发展道路，其基本核心是为了推动人与自然、人与人、人与社会的共同进步、友好相处。贯彻落实绿色责任，构建生态文明，促进环境、经济以及社会步入可持续发展道路，成为各大企业未来发展的必然趋向。

谢赞春等（2007年）表明，因为受托经济责任的发展，效益审计与环境审计应运而生，这是审计顺应时代潮流的必然趋势。环境审计不再仅仅依据环境法律法规实行合规审计，目前环境审计在中国通常起到检查作用，以此来限制或者降低企业给环境带来的破坏，但是这种类型的应用缺少主动性。环境审计的最终目的是扩大环境审计在当今社会中的影响力，使环境资源的利用率与效益能够得到进一步提升。由此可以得出，环境审计是效益审计的一种，其表现形式较为特别，环境审计的实行必然伴随着效益评估。[①]

姜明（2010年）表示，经济社会已经进入飞速上升的阶段，现有的环境资源不足以满足其发展需求，所以为了更好地维护生态环境，需要进行合理的环境效益审计。实行时应该将理论创新当作着手点，将以下两点作为理论根据：第一，可持续发展理论，其中包括环境承载力的多少、生态资源的消耗、公平和效率等；第二，经济外部性理论，主要指某些主体在进行生产、消费行为时损害了其他主体的利益，从中获益的主体不需要支付任何费用，但是利益受损的主体也没有获得补偿，在这种情况下所获得的利益就是外部收益，而损失就是外部成本。环境效益审计体制的实施，不但能够推动循环经济发展，还能成为促使经济、社会以及环境效益和谐发展的关键性手段。[②]

[①] 蔡春，谢赞春，陈晓媛.探索效益审计与环境审计发展的新路子[J].会计之友：下旬刊，2007，(10)：89—91.

[②] 姜姜明，王富涛.完善循环经济条件下的环境效益审计机制[J].科学与管理，2010，(01)：28—30.

王琳（2012年）表示，经济责任审计是审计体制的创新模式，在我国审计中占据关键性地位。建立绿色经济责任审计评估模式时，需要将以下两个原则作为依据：一是将经济发展指标和社会发展、环境保护指标相联系；二是将任期内经济指标和可持续发展指标联系在一起。[①]

官银（2015年）灵活运用"免疫系统"，将其与绿色经济责任审计相结合，并且以此作为研究背景，表示企业、社会以及生态三者经济效益都拥有同样的地位，不但需要注重提高企业经济效益，还需要维持社会经济效益和生态经济效益。经济责任审计应该与环境审计相联系，在构建生态体系时应该对建造过程以及资金运用方面进行审计，同时还要摸清"高污染、高消耗"产业的具体情况，从它们的不足之处入手，编写出专业性的报告与评价，把节约资源与维护生态环境当作最终目的，并且落到实处，避免破坏资源的情况出现，将经济责任审计的作用发挥到极致，推动节能减排政策的实施，实现生态资源的合理管制和维护。[②]

四、绿色审计的本质与内容

（一）绿色审计的本质

现阶段国外对绿色审计概念并无权威界定，而与本书研究对象相关的概念有环境绩效审计概念。关于环境绩效审计的概念，Goodall（1995年）将其定义为：审计工作人员定期全面、客观地对被审计单位的管理行为及设备运行情况进行评估，并施以监督手段，以保证被审计单位自觉履行相关的环境法规，从而起到保护环境的作用。[③] 国际最高审计组织（the International Organization of Supreme Audit Institutions，INCOSAI，2002年）出版了《环境审计与常规审计》一书，该书对环境绩效审计的内容进行了详细的描述：第一，环境审计致力于审查被审计单位有无履行自己的环境义务；第二，环境审计审查的是政府相关部门开展的非环境项目对生态造成的影响；第三，环

[①] 王琳，唐瑞. 绿色经济约束下的企业经济责任审计探析[J]. 商业会计，2012，(02)：39—40.
[②] 官银. "免疫系统"论下绿色经济责任审计的创新[J]. 现代企业，2015 (11)：70—71.
[③] Goodall B. Environmental Auditing: A Tool for Assessing the Environmental Performance of Tourism Firms [J]. Geographical Journal, 1995, 161 (1): 29-37.

境审计审查的是被审计单位开展的环境项目与之所定目标的匹配程度;第四,环境审计需审计被审计单位有无按要求制定、执行环境管理政策;第五,环境审计还需审计被审计单位有无达到预期的环境项目目标,以及环境政策执行效果。[1]

国际最高审计组织于2004年适时调整了环境审计目标,一方面规定审计主体要评估被审计单位的内部、外部系统有无采取科学、合理的措施应对环境风险,另一方面规定审计从业人员、会计不遗余力地支持环境绩效审计活动的开展,[2] 美国大部分重污染企业每年都必须应美国证券交易委员会(Securities and Exchange Commission,SEC)的要求出示一份完整的环境绩效审计报告。Moor 和 Beelde(2005年)认为环境绩效审计是为了促进组织环境治理实践活动和评估组织环境政策符合监管要求的监督行为。[3] Domingues 等(2011年)认为这种监督行为属于环境管理工具中的一种,通过系统、独立、有记录地获取审计证据来客观评价环境责任主体履行环保责任的程度。[4]

(二)绿色审计的内容

Alin 等(2010年)认为环境审计的内容应该聚焦于生态环境方面,[5] 不能随意扩展其审计内容。而 Penini 和 Carmeli(2010年)对企业外部利益相关者的需求进行实证研究认为,将包含原材料和能源在内的自然资源利用情况纳入审计范围能够满足外部利益相关者需求。[6] Humphrey 和 Hadley(2000

---

[1] Vol. N. A Structuration View on the Initiation of Environmental Reports [J]. Critical Perspectives on Accounting, 2002, 13 (1): 17-38.

[2] INTOSAI Working Group on Environmental Auditing. Environmental Audit and Regularity Auditing, 2004: 63-80.

[3] Moor, P., Beelde, I., Environmental Auditing and the Role of the Accountancy Profession: a Literature Review [J]. Environmental Management, 2005, 36 (2): 205-219.

[4] Domingues P., Sampaio P., Arezes P.: Beyond "Audit" Definition: a Framework Proposal for Integrated Management Systems [C]. In Proceedings of the 2011 Industrial Engineering Research Conference, 2011: 1-8.

[5] Alin, I. I., Daniel, C. V., Octavian, M. V., Instruments that are Needed to Ensure the Credibility of Environmental Disclosure [J]. Annals of the University of Oradea. Economic Science, 2010, 1 (1): 522-552.

[6] Penini, G., Carmeli, A. Auditing in Organizations: a Theoretical Concept and Empirical Evidence [J]. Systems Research and Behavioral Science, 2010, 27 (1): 37-59.

年)在专著《环境审计》中指出,资源环境相关审计实践发展较为缓慢的重要原因是缺乏能够量化衡量的审计标准。①

杜爱文(2001年)是中国第一批针对"绿色审计"展开研究的学者,他认为绿色审计就是审计机关监督、鉴证、评估政府部门、企事业单位、社会团体的管理和经济活动有无对环境造成破坏,并督促其按照环境法规和政策的要求去开展管理与经济活动,他还指出,中国有资格开展这一审计活动的机构包括国家审计机关、内部审计机构、民间审计组织。② 于昆(2007年)通过研究指出,资源环境审计实则就是绿色审计的前身,这种审计模式身上也有经济责任的影子,是绿色经济管理体系的灵魂。③

孙兴华、孙莹(2008年)通过理论研究表示,当国际会计监管和经济可持续发展理论相结合并发展到一定程度时,绿色审计便应运而生了,这种审计模式更加具有合法性、真实性和公允性,很好地解决了传统会计核算失真的问题。不仅如此,绿色审计还是一种特殊的审计监督,它能够将会计监管的作用最大化,也能对企业资源的利用情况进行科学评估了解,厘清企业与环境的关系,是现代公司治理的重要内容,也是实现社会可持续发展的必由之路。总之,社会可持续发展目标的实现离不开绿色审计的支撑,它是审计实务与现代环境经济科学相互结合并发展到一定程度的产物。④

李馨子(2008年)通过研究指出,绿色审计的出现弥补了会计失真的问题,而且其出现对于实现经济可持续发展意义重大。绿色审计在鉴证企业绿色利润及环境经济责任时主要以现行环境法规与政策为依据,故而具有极强的合法性、真实性和公允性,是协调企业经济发展与环境关系的有力工具。构建完善的绿色审计制度,将能够有效丰富中国会计体系的内容,实现真正意义上的绿色GDP核算。⑤

---

① Humphrey, N., Hadley, M. Environmental Auditing [M]. Bembridge: Palladian Law Publishing, 2010:26.
② 杜爱文. 刍议绿色审计机制 [J]. 绿色财会, 2001 (4):55—56.
③ 于昆. 绿色经济、绿色会计与绿色审计 [J]. 审计的经济学研究简报, 2007 (7):7—8.
④ 孙兴华, 孙莹. 中国绿色会计、审计的经济学研究思考倡议 [J]. 会计之友旬刊, 2008 (5):11—12.
⑤ 李馨子. 试论中国绿色核算监督体系的理论结构 [J]. 商场现代化, 2008 (16):379.

张春平（2010年）指出，社会责任审计包含了绿色审计，是审计机构（如国家审计机关、民间审计组织、内部审计机构）采用某种审计手段，以企业行为与环境之间的关系为出发点，按照国家环境法规与政策，监督、评估与鉴证被审计单位一切涉及环境的经济活动与行为的有效性、合法性与真实性，以确保其行为未对环境造成严重影响。[①] 邓启稳（2011年）指出，绿色审计即合法的审计机构与组织以会计审计准则和国家法律法规、政策为依据，依法审查、评估和鉴证绿色会计信息的完整性、客观性，并以之为依据对企业履行环境保护义务的行为进行适当的调整，通过该类审计，企业会自觉承担应尽的环保责任，这对于构建生态文明意义重大。[②] 史朋彬、付健、付雅（2011年）指出，与普通审计所不同的是，绿色审计的审查监督范围更大，其将范围扩大到了被审计单位执行环保政策、法规与制度方面，并将之作为对其经济、法律责任进行确定和评估的依据。[③]

五、文献评述

通过梳理、研读和总结国内外有关绿色审计的研究成果，不难发现，国内外学者对绿色审计给予了高度、持续的关注，但迄今为止，绿色审计的理论基础和经验证据仍需要进一步完善。

第一，目前国内外理论和实务界对于何为绿色审计尚未达成共识。由于学者们研究时出发点不同，故而有关绿色审计的定义、内涵、对象、历史沿革、对策、职责与主体尚有争议。当中还有若干问题未得到很好的解决，这对于绿色审计的普及是极其不利的。不仅如此，不少学者致力于研究绿色审计理论当中的个别内容，没有将之作为一个体系进行研究，故而有些论点难免存在片面性。通过文献梳理发现，绿色审计并不是一个孤立的体系和学科，其由无数要素构成，并且各要素之间的关联性极强。若只从中选取某一要素进行研究，就可能影响最终研究成果的科学性与可信度。

第二，绿色审计是一个相当庞杂的体系，各国对绿色审计活动的重视和

[①] 张春平. 绿色审计：为绿色经济保驾护航 [J]. 中国管理信息化, 2010, 13 (2): 54—56.
[②] 邓启稳. 经济转型背景下的企业绿色审计探讨 [J]. 未来与发展, 2011 (3): 97—100.
[③] 付健, 史朋彬, 付雅. 略论中国绿色审计制度的创建 [J]. 社会科学家, 2010 (12): 59—62.

投入力度也各有所异，其定义与特点也因国情而不同。故而，我们应该结合中国实际情况来对绿色审计进行研究，进而摸索出具有中国特色的绿色审计制度，而非照搬国外模式。然而，就中国现行的研究成果而言，国内不少学者的论点和看法都是建立在借鉴了国外研究成果之上的，有些学者甚至仅是简单地对国外研究成果进行概述和翻译，很少有学者在研究时会考虑到中国的实际情况和需求，故而所得到的研究成果具有一定局限性。

第三，中国有关绿色审计的研究成果仍需要进一步探索。目前，国内的研究还停留在审计理论层面上，没有做到与经济学理论和管理学理论的结合，不利于中国绿色审计理论体系的完善，这是现有研究成果上的缺失。由于将绿色审计制度的研究局限在审计理论中，难以阐明国有企业在新发展理念指导下进行绿色转型的经济动因，进而无法准确论述企业经济效益、社会效益与绿色效益之间的理论关系和相互作用。

第四，关于绿色审计主体的研究成果仍处于起步阶段。尽管有些学者以政府环境审计为视角展开了研究，但依然不可避免地出现了研究层次浅、范围窄的问题，特别是关于常规审计与政府环境审计之间的关系，鲜有人研究，即便有个别学者研究，研究成果也大相径庭，很难用于指导国有企业绿色审计工作的开展。不过值得一提的是，尽管有些学者已经将着眼点放在了内部审计和民间审计上，但是却因为各种因素的影响，无法明确从事绿色审计的各主体在审计内容、方法、重心、优势和目标上有何异同。

第一章
国有企业绿色审计制度的起源与理论基础

在国企绿色审计理论产生和发展的历史进程中，相关理论的碰撞和融合对绿色审计制度的发展产生了促进作用，尤其是马克思政治经济学、资源环境经济学、经济外部性理论等。马克思政治经济学是中国社会主义经济建设的指导思想，对中国可持续发展具有重要的指导意义；西方经济学中的经济外部性理论、委托代理理论以及国内外学术界对绿色审计的研究对本书的研究具有重要的启发意义；国有企业绿色审计理论的发展与进步与经济责任审计理论的支撑密不可分。

第一节 企业的绿色责任概述

一、企业绿色责任的内涵与发展阶段

绿色责任，即责任主体在自然资源利用、生态环境影响两方面所应该承担和履行的社会责任。笃行节约集约、循环利用的资源利用行为，实践节能环保、绿色低碳的生态保护观，这正是绿色责任。企业的绿色责任，指的是企业在整个经营过程中全面考虑其经营活动对自然资源和生态环境所产生的影响，将绿色责任的资源利用观念与生态保护观念内部化于企业生产、销售

与排放等各种经营环节中,使企业对自然资源可持续利用和生态环境保护两者与企业自身发展不再是互相抵触、牵制与对立的关系,而是和谐的有机结合。

绿色责任的类似概念最早出现于资源环境经济学与绿色管理领域中,随着环境相关概念的演变,绿色责任的发展经历了三个阶段。按照学术界对企业绿色责任研究的逐步探索的路径,本书将绿色责任的三个阶段分别命名为"伪无视绿色责任阶段""末端绿色责任阶段"以及"环境友好绿色责任阶段"。

第一个阶段是20世纪70年代之前,企业发展采取的是"资源获取—产品生产—污染排放"的单向线性粗犷式发展模式。企业不加限制地开采自然资源,同时不作任何处理地大肆向土地、水域、大气环境中排放废弃污染物,这种企业发展模式的行为直接后果就是资源短缺危机与环境问题日益突出。在这种粗犷式发展模式下,理性的企业经营者选择利润最大化而无视环境承载能力,将污染物直接排放到外部环境中以节省治理废弃污染物所要花费的企业成本。依据波斯纳(Posner, R. A.)的结论[①],企业为了利润最大化不经处理排放污染物的短视经营行为引起的粗犷发展模式,可以称作"伪无视绿色责任阶段"。

第二个阶段是20世纪70年代至90年代,以联合国贸易与发展会议(United Nations Conference on Trade and Development,UNCTAD)与联合国环境规划署(United Nations Environment Programme,UNEP)两个联合国机构于1974年在墨西哥联合举行专题研讨会议——"资源利用、环境与发展战略"为标志,会议上首次阐述了环境管理(environmental management)的概念,并且指出人类社会可持续发展的两大目标。目标之一是应当满足全人类的所有基本需求,目标之二是在不超过生物圈限制的前提下,通过经济发展以满足人类需求;而实现两大目标最重要的路径就是进行环境管理。[②] 环境管理从宏观的环境保护与治理角度入手,主要研究人类社会可持续发展战略体系;

[①] [美]理查德·A·波斯纳.法律的经济分析[M].蒋兆康,译.北京:中国大百科全书出版社,2012:6.
[②] 郭廷忠,周艳梅.环境管理学[M].北京:科学出版社,2009:74.

此后，欧美学者在此基础上，从微观角度提出绿色管理（green management）的概念，着重研究企业发展、资源利用与环境保护的关系。20世纪90年代，德国学者霍普芬贝克（W. Hopfenbeck）在著作《绿色管理革命》中首次提出绿色管理的概念，同时倡导企业制定并执行基于生态学的经营战略方针，预防消极环境保护和恶性资源滥用的经营决策所导致的后果。霍普芬贝克认为，绿色管理不仅使企业放弃对纯粹利益的短期追求，而且能够在现代激烈的商业竞争环境下保持领先的商业地位。[①] 基于企业的微观角度，欧美学者也提出了环境经营（environmental business）的概念，又称为环境友好型经营。环境经营要求企业同时注重经济效益和环境可持续性两个目标。从企业经营角度分析，开展环境经营首先要遵循产品或服务的环境友好责任，即企业的产品从采购、生产、包装、销售、废弃和回收环节的环境污染程度最低化；其次要对产成品的生命周期进行环境评价，即从产品或服务产生之前的概念原型阶段一直到产品使用周期结束后的废弃和回收阶段，对相应的自然资源和能源利用过程进行全面详细的分析，并计算产成品整个生命周期的环境影响总量，最后根据影响程度大小对企业环境友好型经营的优劣进行评价。从概念上分析，绿色管理、环境经营（环境友好型经营）都强调在企业的微观角度上，将自然资源可持续利用、生态环境保护与企业自身发展有机结合，因此，绿色管理与环境经营两者的概念基本相同。尽管较多学者提出了有关绿色责任的思想，但是企业仍旧基于产品或服务进行减少污染排放的活动，距离兼顾经济效益与自然环境的理想状态有较大差距，因此称为"末端绿色责任阶段"。

企业绿色责任在20世纪末期进入第三阶段。此时，随着学术界对环境相关问题的研究逐步深入，尤其是在国际标准化组织（International Organization for Standardization，ISO）建立并且完善 GB/T14000—ISO14000 环境管理体系国际系列标准之后，处于公众环境保护意识觉醒较早、自然资源压力较大背景下的日本企业界和学术界都采取了积极主动的环境应对策略，呈现"多维

[①] Hopfenbeck W. The Green Management Revolution: Lessons in Environmental Excellence [M]. New York: Prentice Hall 1993: 1-26.

度、多层次、综合性"的发展状态,包括企业主动引入提升环境经营能力的软技术、学术界关于"环境经营"的深入研讨等方面都有极大进展。在企业界内,Panasonic(松下电器)、Ricoh(理光电子)积极采用环境管理会计(Environment Management Accounting,EMA)、生命周期评估(Life Cycle Assessment,LCA)等综合评价方法,Sony(索尼)、Fujitsu(富士通)成功引进绿色会计与清洁生产等软技术。在日本学术界,吉泽正和福岛哲郎(1996年)[1]率先阐述环境管理与环境经营两者在含义上的区别,他们认为传统的企业环境管理仅停留在产品生产环节,只着重生产过程的末端环节所产生的污染物的处理,然而日益严峻的环境形势迫切要求企业环境管理变革其内容和方式。环境管理的末端治理,其缺陷阻碍企业实现可持续发展,原因如下:首先,专门处理废弃污染物的设备投资与运行费用相当高,高额企业成本使末端治理具有一定门槛;其次,末端治理往往是将污染物进行转移,如对火力发电厂的废气进行脱硫处理将形成工业废渣,化工厂的废水集中处理常常产生大量污泥等,难以起到有效保护生态环境的作用;再次,末端治理并未涉及生态资源的循环利用和资源浪费问题,无法提高企业的资源使用效率;最后,履行末端绿色责任的前提是健全相关环境法律,因此企业的被动消极履责行为存在很大局限性。[2]从上述分析可知,企业的末端环境管理因无法满足可持续发展的需要而变革为企业的绿色管理或环境经营,绿色责任也进入了"环境友好绿色责任阶段"。

进入21世纪以来,环境问题因其全球发生性和广泛关联性的特殊属性而超越了环境本身,企业绿色责任逐渐从末端绿色责任向环境友好型绿色责任转变。在这一阶段,全球的一个共识是环境成为威胁企业发展的重要因素,呼吁企业绿色责任的公众声音也越来越强烈。2005年,旨在将大气中的温室气体含量稳定在适当的水平以保护气候环境的《京都议定书》(Kyoto Protocol)正式在中国生效,使得企业在从事经营管理活动时必须考虑碳排放量、符合低碳经济的标准。随着科学技术的不断进步,以碳为主要组成元素

---

[1] [日]吉泽正,福岛哲郎.企业环境管理[M].东京:中央经济社,1996:46—48.
[2] 董晓东,李天柱,朱晓琳.环境经营:基于环境约束视角的企业经营范式转换:基于行政组织理论视角[J].生态经济,2014,30(12):61—65.

的环境污染物不再是一文不值,相反能够转化为一种可利用的循环资源。碳污染物资源化的主要方式为碳元素捕获与储存(Carbon Capture and Storage,CCS)技术的应用。目前,CCS技术实践运用于大型火力发电厂、钢铁铸造厂、化工制造厂等排放源,避免二氧化碳排放到大气中,存储并且开发二氧化碳的商业价值。[①] 在绿色责任与企业发展的关系研究中,Porter & Linde(1995年)[②]、Bleischwitz(2004年)[③] 等学者发现,企业投入环境经营的资金越多,那么可以获得的商业发展机会则越多,说明企业在环境方面的高投入即绿色责任的履行程度高能够促进企业自身发展,实现企业效益与环境状况的双赢局面。丰澄智己(2007年)采用日本800家企业的经验数据分析企业履行环境友好绿色责任的效果,结论发现施行环境友好的经营战略的企业比对照组的企业绩效更高,同时发现企业履行环境友好绿色责任的程度与资产回报率(Return on Assets,ROA)、投资回报率(Return on Investment,ROI)呈正相关关系。[④] 由此可见,企业增强竞争力的有效路径之一就是认真履行环境友好绿色责任。

表1-1 企业绿色责任三个阶段对比分析

阶段名称	伪无视绿色责任	末端绿色责任	环境友好绿色责任
概念演变	无	环境管理	绿色管理、环境经营
持续时期	20世纪70年代以前	20世纪70年代至90年代	20世纪末至今
环境背景	环境污染事件频繁发生,严重影响人类安全	末端治理缺陷突出,环境问题阻碍经济发展	企业可持续发展压力增大,环境保护技术进步

[①] 陈刚. 京都议定书与国际气候合作[M]. 北京:新华出版社,2008:36—39.
[②] Porter M E, C. van der Linde. Green and Competitive:Ending the Stalemate[J]. Long Range Planning,1995,28(6):128-129(2).
[③] Bleischwitz, Raimund. Eco-efficiency, Regulation, and Sustainable Business:Towards a Governance Structure for Sustainable Development[M]. Cheltenham:Edward Elgar,2004:120-134.
[④] [日]丰澄智己. 战略的环境经营:环境与企业竞争力的实证分析[M]. 东京:中央经济社,2007:225—227.

续表

阶段名称	伪无视绿色责任	末端绿色责任	环境友好绿色责任
标志事件	洛杉矶光化学烟雾事件、日本水俣病等环境事件	联合国专题会议"资源利用、环境与发展战略"	《京都协议书》生效，低碳经济成为核心
企业与环境的关系	环境是企业利润的牺牲品	环境是企业的外部问题	环境要素内部化，逐渐成为企业的竞争优势、企业资源与利润来源，实现环境价值
经营策略	故意忽视环境问题的短视策略	先污染、后治理的末端治理策略	产品生命周期等环境影响评价策略
企业竞争力	无	无	显著提升
废气污染数量	最高	稍微减少	明显减少，零排放成为可能
企业成本	高	高	长期内显著减少成本
绿色责任实现方式	无	企业被动消极遵循环境相关法规政策	（1）执行ISO14000国际系列标准；（2）实施环境影响评价；（3）披露社会责任报告；（4）研发低碳相关技术

作为一种新兴的管理理念与方式，不断完善与发展的绿色责任越来越成为现代企业经营管理体系中不可或缺的重要组成部分。根据表1-1的对比分析可知，企业履行"环境友好绿色责任"，即企业将环境要素内部化，纵向上将环境保护和资源节约观念融入企业的最高战略层面自上而下贯彻执行，横向上评估产品全生命周期对环境产生的影响，使生态环境保护、自然资源节约和企业自身发展融为一体。对生态环境的保护、自然资源的持续利用履行应有的绿色责任，这一方法已经被证明是提高企业整体竞争优势的动力源泉，同时也是发掘环境价值的实现路径。在生态文明建设的战略指导下，企业履行环境友好绿色责任的基本内容包括：一是企业经营方式和内容的变革，企业制定环境战略，完善环境信息披露（Environmental Information

Disclosures, EID) 机制，如发布企业社会责任报告、企业可持续发展报告；二是企业积极引入促进循环经济的科学技术，即采用新成果、新工艺对废旧产品进行回收处理，循环利用，实现绿色生产；三是建立健全企业绿色核算制度，实行绿色会计和绿色审计，绿色审计是监督和保障企业履行环境友好绿色责任的有力工具。

二、国有企业履行绿色责任的现实意义

自 2007 年召开中国共产党的第十七次全国代表大会起，中国将生态文明建设作为"五位一体"的建设体系之一，再到"十三五"规划中国家坚持"生态优先、绿色发展"的战略定位。通过上文对企业绿色责任内涵与发展的梳理和分析证明，企业履行其应当肩负的绿色责任具有重大现实意义。

第一，生态文明战略的时代要求国有企业履行绿色责任。国有企业承担环境友好绿色责任的目的与建设生态文明国家的战略目标高度一致，同时绿色责任也是 21 世纪的时代需要、公众诉求与现实标准。国有企业作为市场经济中商品和服务的提供者，其市场角色决定了企业在从事经济活动时必须承担应有的责任和义务。同时，国有企业的经济活动范围广泛、牵涉众多的利益相关者，企业经济行为的优劣、履行责任的积极性和态度直接关系到了利益相关者（如国有企业监督单位、消费者、国有企业员工）的切身利益（如产生利润、提供优质产品与服务、偿还债务、发放福利与工资、提供岗位），如此重要的地位和角色决定了国有企业必须担当起绿色责任。企业是生态文明建设的重要主体之一，国有企业也是可持续发展战略体系的重要细胞，履行绿色责任能够有效解决现阶段经济发展中自然资源无节制消耗、生态环境污染危机突显、人口居住环境恶化与经济绿色发展矛盾加剧等现实问题。在生态文明战略时期，国有企业要制定一个同时满足公众利益需求、国家要求以及自身效益需求的发展战略。一个国有企业要想在众多竞争者中站稳脚跟，稳定发展，就必须找到协调三者利益关系，以及保持自身发展目标与三者利益目标高度一致，满足社会福利需求的路径，这也是外界判断一个国有企业有无履行绿色责任的依据之一。因此，国有企业要肩负起建设生态文明的时代使命，绿色责任应该作为企业战略中不可或缺的一环，因为履行绿色责任

是企业实现其他战略和目标的前提和保障,能够有效规范企业制定的其他经营目标。[①] 建立在绿色责任基础之上的国有企业战略和经营目标才能统筹企业、环境和社会的协同发展。绿色责任要求国有企业在进行生产与经营活动时考虑公众对环境的诉求并且符合生态文明建设的标准,使国有企业自身的利益和生态文明建设所带来的长远利益不再对立,而是和谐统一。生态文明战略的时代要求既可避免国有企业对生态资源的过度开发行为,又可实现社会、环境多方共赢的绿色发展。

第二,国有企业产生竞争优势的制胜法宝是履行绿色责任。在经济贸易全球化的大背景下,商业竞争领域愈发激烈:企业与企业之间竞争的战场不再单纯限定于产品与服务,也不仅局限于品牌或渠道,一个更加激烈的竞争领域引起越来越多企业家和经营者的重视,那就是企业对于自身绿色责任的履责程度。事实上,履行绿色责任程度高的企业更容易打破绿色壁垒;[②] 而绿色壁垒指的是强制性对发展中国家商品进入国际市场的限制措施,主要形式包括绿色市场准入、绿色关税、绿色反倾销、环境贸易制裁以及强制性绿色标志认证等。在世界各地环境事件频发的今天,消费者越来越倾向于购买优质、绿色、无污染的产品,这样才能达到"养生"的目的,与此同时,消费者对商品的环境保护程度提出了更加严格的要求。在消费者看来,所有企业提供的消费商品终究都取自于自然环境的资源,如果企业和顾客忽视了环境的承载力,无限制获取自然资源,其最终恶果依旧要由全体人类承担。由此可见,"绿色消费"潮流愈演愈烈,注重生态环境保护、实行自然资源节约、减少污染排放的绿色消费观念已深入消费者的行为习惯中。因此,绿色消费潮流实际上是一种隐性的绿色壁垒,当企业因为无法做到环境友好经营而不能满足消费者对绿色消费的需求时,企业也就丧失了其在市场中的竞争力。为了顺应绿色消费的市场变化、打破国家间的绿色壁垒,同时满足顾客的绿色消费需求,企业必须在经营理念上进行变革。正是由于企业生产、销售以及排放等经营环节中履行绿色责任才能打破绿色壁垒,而且更加适应消

---

① 叶六奇,张静. 企业的绿色社会责任 [J]. 经营与管理,2010(1):48—49.
② 潘岳. 呼唤中国企业的绿色责任 [J]. 绿色中国,2005(7):9—12.

费者对环保和健康需求,同时绿色产业的市场前景中蕴含着巨大的商机,企业可以借机实现自身综合实力的提升,从而在众多竞争者中脱颖而出,抢占更多市场份额。

第三,国有企业降低社会成本的关键路径是履行绿色责任。在市场经济处于起步阶段的粗犷式发展时期,普遍崇尚个体权利本位,同时宣扬发挥最大程度的个体潜能,国有企业作为组织个体也是如此。当发展处于初级阶段时,个体权利本位在一定程度上有助于推动经济的高速发展,也极大地释放了企业创造价值的潜能,然而社会结构决定了企业与个体之间是彼此存在相互联系的。因此,企业的每一项行为都是相互联系的,企业和社会今后会朝着何种方向发展都与企业经济行为休戚相关,这种影响被庇古称为企业的社会成本问题。由于企业作为生产部门的基本角色,企业从事经营活动必然产生私人成本和社会成本,在社会结构中与其他社会组织相比较,企业是消耗自然资源最多、最容易产生污染破坏生态环境的部门。当国有企业作为生产部门时的行为具有外部性影响的时候,所承担的社会成本与私人成本相比可能更加沉重,导致资源配置低效率。[①] 生态环境危机产生的根本原因就是企业"伪无视绿色责任",为了寻求短期经济效益的最大化,因此导致短期内私人成本小,然而环境影响程度高,长期内社会成本巨大。[②] 在无视社会成本的情况中,特别是无视绿色责任的情况下,企业自身无论如何也无法通过降低私人成本而成长与发展的,因此,企业从单纯降低私人成本转向同时兼顾降低社会成本、减少社会成本问题是国有企业可持续发展的必经之路。国有企业绿色责任注重企业与社会的和谐共存,强调合理开发自然资源保护生态环境,促进企业降低社会成本。企业通过履行绿色责任,使企业将其经营行为所产生的生态环境成本内部化,从而降低企业因环境问题所导致的社会成本。

[①] 黎敏. 生态文明建设中企业实施绿色责任的现实意义和路径 [J]. 中南林业科技大学学报:社会科学版,2014,8(4):9—11.
[②] 辛杰,廖小平. 论企业可持续发展与企业社会责任 [J]. 中南林业科技大学学报:社会科学版,2013,7(3):77—80.

三、绿色责任是国有企业社会责任的必然落脚点

企业社会责任（Corporate Social Responsibility，CSR）是社会对企业的一种期望和要求，这种要求根据经济社会的发展阶段不同而产生变化。企业社会责任思想起源于西方，早在古典经济学诞生的初级阶段，亚当·斯密（Adam Smith）所论述的"看不见的手"对市场进行调节的功能就反映出当时社会对企业的期望。由于当时企业和经济发展刚起步，获取的自然资源能够满足生态环境的接受程度，经济发展引起的环境问题也没有引发公众的普遍关注，因而企业在自由经济环境中遵循利润最大化原则，企业在"看不见的手"的指引下以履行企业经济责任承担了社会责任。18世纪至19世纪中期，西方社会中国家与国家发展不协调阻碍国际贸易、阶级与阶级发展不平衡产生社会问题等现象出现，此时由个体企业发起的慈善行为逐渐兴起，也履行了一部分社会责任。

至于较为成熟的现代企业社会责任思想则出现在工业化进程加速背景下的20世纪美国企业中，现代企业社会责任问题的关键并非企业承担了什么责任，而是企业对社会以及环境的响应程度，以及取得了什么样的效益成果，例如默里（Murray）于1976年提出的著名的"社会责任—社会响应—社会绩效"三维模型。20世纪90年代对企业社会责任的研究成果表明，企业作为一个经济组织，既需要盈利也需要服务社会；企业目标并不局限于为股东赚钱，此外还要为雇员提供更加稳定的工作环境和保障，为顾客提供高质量和安全的产品，旨在增加社会福利。[①] 在当今经济发展边际效用递减的背景下，人们开始转向对生活质量的追求；与此同时，粗放式经济发展的"副产品"，例如生态环境危机开始凸显，因此积极投入环境保护、节约自然资源、开发新能源等环境友好经营行为被日益普遍地认为是企业履行广义社会责任体系中的核心部分之一。

梳理企业社会责任思想的进展之后，不难发现：第一，企业社会责任思

---

① 李国平，韦晓茜. 企业社会责任内涵、度量与经济后果：基于国外企业社会责任理论的研究综述 [J]. 会计研究，2014（8）：30-40, 96.

想的内涵随着社会的发展阶段的不同而产生变化，在变化过程中由于政治、经济以及社会环境的不同，逐渐完善并被不断赋予新的时代内涵。第二，绿色责任逐渐成为反映企业广义社会责任的重要部分。经过蒸汽工业革命、电力工业革命直到目前的科技革命，工业革命这把"双刃剑"的负效应即包括全球变暖问题等世界性的环境破坏危机，这使得绿色责任成为公司广义社会责任的核心之一。环境形势在21世纪的后工业化时期更加形势严峻，使绿色责任构成企业社会责任的极其重要内容。Margolis, Elfenbein and Walsh（2009年）通过对美国167个企业样本为研究对象进行绿色责任研究，研究显示，当企业肩负着保护环境的责任时，企业的绿色责任行为相比其他履行社会责任对财务绩效的影响程度最高，[1] 因此，将绿色责任从企业社会责任中剥离并与企业经济责任进行区分十分必要。

企业公民理论（Corporate Citizenship）将公民责任的概念延伸到企业社会责任，是对公司社会责任理论的继承与发扬。该理论认为，社会既然选择企业作为自然资源的最重要使用者，企业因此为了社会的和谐发展而行使资源使用的权利，必须合理地利用自然资源同时做到保护环境的义务。[2] 可见，企业履行绿色责任的实质就是在社会责任约束与自然资源激励的相互作用下，实现经济责任与绿色责任的动态平衡；与此同时，履行绿色责任也能为企业带来绿色价值，实现经济责任与绿色责任的协同统一。所以说，在生态文明建设的要求下，绿色责任理论实际上就是企业社会责任理论发展到一定程度的产物，因为绿色责任归根结底就是社会责任的内容之一。

四、国有企业的经济责任与绿色责任

（一）国有企业经济责任

所谓国有企业经济责任，即经济主体对自身的资产、负债和利润等的真

---

[1] Margolis J D, Elfenbein H A, Walsh J P. Does It Pay to Be Good. and Does It Matter? A Meta-Analysis of the Relationship between Corporate Social and Financial Performance [J]. Ssrn Electronic Journal, 2009: 1 – 26.

[2] Matten D, Crane A, Chapple W. Behind the Mask: Revealing the True Face of Corporate Citizenship [J]. Journal of Business Ethics, 2003, 45 (1 – 2): 109 – 120.

实性承担相应的职责。2006年修正的《中华人民共和国审计法》（以下简称《审计法》）规定，经济责任指的是"财政收支、财务收支以及有关经济活动应负经济责任的履行情况"。2010年中共中央办公厅、国务院办公厅联合发布的《党政主要领导干部和国有企业领导人员经济责任审计规定》表明，经济责任是指"领导干部在任职期间因其所任职务，依法对本地区、本部门（系统）、本单位的财政收支、财务收支以及有关经济活动应当履行的职责、义务"。该规定进一步明确了经济责任审计的资金范畴，将经济责任审计放宽到国有企业领导干部的权力上，领导人员的经济决策、落实行为、监督等均属于经济责任审计范畴，使国有企业负责人的权、责、利关系更加对等。

从审计制度监督和保障企业责任人履行经济责任的视角分析，本书将企业的经济责任划分为五大方面：其一，积极响应政府制定的宏观经济方针，带动企业实现科学发展；其二，重大经济决策，以决策的科学、民主、合法合规和效益性负责；其三，呈现公司真实的运营信息，真实客观地进行信息披露；其四，分析公司的治理和管理问题；其五，关注企业上层管理者需遵从的廉洁性规章。国企监管机构可以借助经济责任审计结果，分析被审计人员的绩效状况，由此也可对被审计人员进行必要的管理。促使其在履行经济责任时不仅合规而且有效益。①

（二）国有企业经济责任、绿色责任的区别与联系

首先，国有企业绿色责任与经济责任包含于企业广义的社会责任体系之中，然而两者也存在显著差异，特别是在法律标准与道德义务两个维度上需要区别。企业绿色责任的法律标准维度，即法律条款中明确要求企业应该按照何种标准进行资源节约、环境保护的责任，具体而言就是企业应当遵守法律中关于水土保护、废弃污染物排放要求等法律标准；企业绿色责任的道德义务维度，即道德规范、公众诉求所要求的资源节约、环境保护的责任，企业是通过绿色经营的战略来满足道德义务的。

其次，国有企业绿色责任与企业经济责任经过不断地发展不再是对立关

---

① 李晓慧，金彪. 中央企业领导人员经济责任审计的现状及其特征研究［J］. 审计研究，2013，(06)：33—36，44.

系,而是彼此联系,这进一步深化了企业广义的社会责任。在人类社会不断稳步前进的进程中,企业作为重要的社会部门如何承担起人与自然和谐发展的社会责任成为当下企业摸索与实践的重要议题。正如上文所阐述的企业绿色责任本质内容,即企业通过处理绿色责任和经济责任的关系,将之作为企业实践社会责任不可分割的一部分。企业社会责任在环境保护领域的外延以及在资源节约方面的深化,逐渐形成了企业的绿色责任。根据上文对企业绿色责任发展阶段的分析可以知道,初级阶段的企业绿色责任是独立于企业经济责任而存在的,随着企业绿色责任的发展使其进化为能够为企业带来绿色价值的利润源泉,因此,企业绿色责任和经济责任丰富了企业广义社会责任的外延与内涵。

(三) 国有企业经济效益、社会效益、绿色效益协同分析

借鉴英国学者约翰·埃尔金顿(1997年)研究企业社会责任时的三重底线模型,本书认为要想实现经济增长、社会进步和环境保护三大基本目标,必须通过生态环境建设战略,对于企业而言,就是协调好企业的经济责任、社会责任与绿色责任三者的平衡,三者具体关系如图1-1所示。三者关系的核心就是生态文明。企业要实现经济责任、社会责任与绿色责任的高度统一,达到经济效益、社会效益和绿色效益的协同效应,离不开施行绿色责任的环境经营方式。

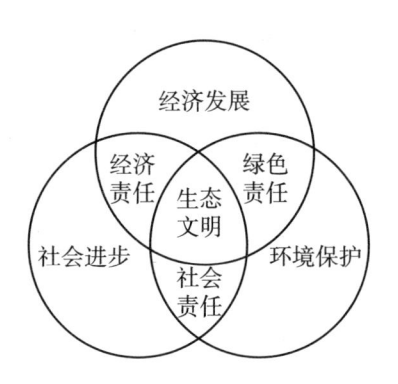

图1-1 经济责任、社会责任与绿色责任三者的关系

如何通过履行三种责任来统筹兼顾三大效益?回答是企业仅通过绿色转型

是不够的,还需要绿色审计制度的监督和保障。美国学者哈特(Hart S L.)基于企业利用自然资源的角度,从企业履行绿色责任对经济责任的影响这一维度进行了研究,他把企业将资源转化为产品之后对待污染废弃物的处理方式划分为牺牲经济代价污染治理、进行产品监控减少污染和可持续的经济发展方式。[①] 划分为以上三种方式的依据是影响经济责任的方式与程度不同:污染治理在初级阶段要求企业牺牲经济作为代价,采用污染防治技术和设施;而产品监控横向存在于整个价值链中,这种方式的企业环保措施和行为并未对经济责任产生影响;可持续的经济发展则需要企业将环境保护的绿色价值融入企业经济责任,并通过评价与审计制度使企业与环境共同绿色发展,即将企业的经济效益和绿色效益进行融合。在企业社会责任维度,由于企业所处社会环境不同,其面临的环境问题也不尽相同,进而企业响应环境问题的方式也存在差异,借鉴企业在社会责任三角模型中的响应方式划分,企业对待环境领域的社会责任可以分为防御型、适应型和主动型三种类型,表示企业对待资源和环境危机的处理方式逐渐积极,[②] 同时也说明企业履行环境友好的社会责任程度逐步提高,那么企业通过绿色审计的主动型响应类型也就产生了社会效益。此外,在企业履行绿色责任内容的维度,中国学者刘文辉(2009年)认为企业进行绿色经营的改革关键点在于绿色生产、绿色销售和绿色管理;[③] 武春友等(2014年)从技术、生产、排放、投入各个环节以及企业文化方面入手,利用拓扑学原理对企业绿色责任人的履责情况进行定量评估,[④] 其分析结果认为,企业在生产经营环节越注重履行环境保护义务以及可持续地利用自然资源并通过审计对其进行鉴证和评价,企业取得的生态绿色效益就越高。

[①] Hart S L. A Natural Resource-based View of the Firm [J]. Academy of Management Review, 1995, 20 (20): 986 – 1014.
[②] Henriques I, Sadorsky P. The Relationship between Environmental Commitment and Managerial Perceptions of Stakeholder Importance [J]. Academy of Management Journal, 1999, 42 (1): 87 – 99.
[③] 刘文辉. 企业绿色经营创新研究 [D]. 中国海洋大学硕士学位论文, 2009.
[④] 武春友, 陈兴红, 匡海波. 基于 AHP—标准离差的企业绿度可拓学评价模型及实证研究 [J]. 科研管理, 2014, 35 (11): 109—117.

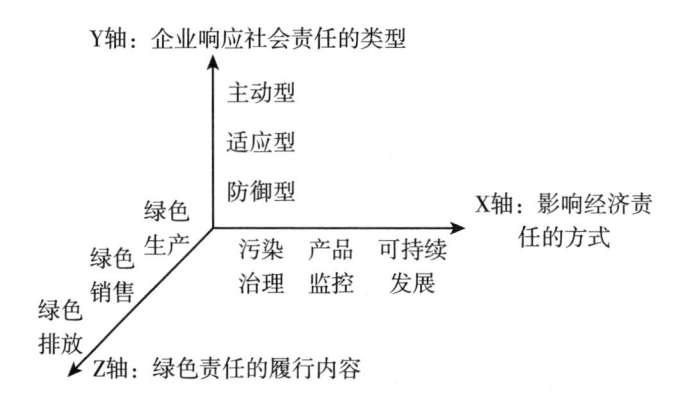

图 1-2 国有企业经济责任、社会责任与绿色责任的三维分析

为了分析绿色审计制度促进三个责任向三种效益转化的机制,本书构建了国有企业经济责任、社会责任与绿色责任的三维分析图,如图 1-2 所示。其中,X 轴表示绿色责任对经济责任的影响方式,包括污染治理、产品监控和可持续发展。Y 轴代表企业响应社会责任的类型,包括防御型、适应型和主动型,其中防御型表示企业对环境领域的社会责任消极响应,而主动型则代表企业将环境要素内部化,主动进行绿色管理。Z 轴则表示绿色责任履行内容:绿色生产、绿色销售、绿色排放。基于上述三种责任的维度分析,即绿色审计制度监督与保障企业的绿色转型,在 X 轴上达到"可持续发展"阶段,同时在 Y 轴上促进企业采取主动型的社会响应策略,并且在 Z 轴的企业生产经营环节,特别是生产、销售和排放三大环节上进行绿色责任全覆盖审计,以此来监督企业践行绿色技术创新,提高劳动生产率,获得超额利润,那么企业在履行经济责任和绿色责任时,才能够达到三种效益的高度协同关系。

第二节 国有企业绿色审计的理论依据

一、马克思关于绿色问题的主要学说

追溯到 20 世纪 60 年代初,随着环境问题的日益加剧,各个国家已经意识到保护地球生态环境的重要性,它不仅影响到人类社会的经济发展,还直接牵涉人类的生命健康。然而,生活在19世纪的马克思和恩格斯基于当时工业发展对自然环境的破环程度,敏锐地发现人与自然之间的发展问题。恩格斯在《乌培河谷来信》中描述普鲁士当地水体污染时形容:"它时而向前徐徐地蠕动,时而急速地泛起红色的波浪,奔过烟雾弥漫的工厂建筑和棉纱遍布的漂白工厂。"[①] 显然,恩格斯已经在两个世纪前就意识到环境问题的存在,这也是马克思主义理论前瞻性的最好证据,也进一步证实了马克思主义的实践指导价值。事实上,马克思、恩格斯的思想为本书铺垫了坚实的理论基础,本书以马克思的级差地租与劳动生产率理论为分析工具对国有企业绿色审计进行经济学分析。

(一)劳动生产率与剩余价值理论

根据新发展理念和本书有关绿色责任的阐述,可以发现绿色是重要的生产要素之一。实际上,国有企业过去凭借增加投入生产要素的发展方式已经不再符合企业可持续发展的要求,虽然扩张劳动场所、增加劳动力和生产设备在一定程度上加快了经济效益增长的速度,然而在市场经济正常运行背景下国有企业产能过剩问题严峻。因此,现阶段国有企业改革与发展需要的是生产要素质量而非数量的提升,对资源的高效开发利用才能进一步提高国有企业的劳动生产率。在新发展理念的指导下,国有企业提升生产要素质量、提高资源利用效率的重要途径就是绿色发展,也就是绿色生产要素的投入。绿色发展观念所倡导的是以人为本的绿色生产,不再是进行污染废弃物的末端治理,而是考虑了低碳、循环的环境友好型生产,通过将环境成本内部化的方式提高劳动生产率,进而促进国有企业经济效益的可持续增长。这种可持续发展模式的优越性不仅在于普遍利用绿色的新型科学技术,而且其以人为本的思想能够设计出满足人本需求的工艺流程、劳动组织与管理方式,更重要的是在避免破坏自然条件的绿色发展观念指导下,国有企业生产规模和效能极大提升。

绿色发展观念在五大要素上都极大促进了劳动生产率的发展。一是有关

---

① [德] 马克思. 马克思恩格斯全集:第1卷[M]. 北京:人民出版社,1956:493.

人的因素，即从事绿色生产劳动者的熟练程度，包括劳动者的技术水平、操作技能和工作经验等，随着环境友好型生产理念的普及，劳动者一方面提高了绿色生产的熟练度，另一方面能够避免污染导致健康受影响从而降低劳动生产率的问题。二是有关科学技术的发展因素，现代污染处理、环境保护、清洁能源相关的绿色科技发展迅速，如我国积极发展的太阳能、风能发电技术，本书前述的清洁生产、碳捕获技术，在绿色发展观念的指导下，这些绿色科技成果普遍运用与融合于企业的生产环节，构成了提高劳动生产率的物质前提。三是生产管理水平的因素，绿色生产管理即将绿色理念引入企业的生产管理环节中，包括企业内部的环境成本核算、环境管理系统，以及来自外部的ISO14000系列标准、环境影响评估，还有第三方机构的绿色审计等，是企业实现绿色转型的具体路径。四是生产资料的规模与效能因素，绿色发展观念中低碳、循环的发展，要求能够提高劳动工具有效使用程度和原材料和动力燃料等的利用程度，能够促进生产资料的规模和效能递增。五是有关自然条件的因素，包括对自然资源和自然力的利用程度，特别是无法再生的自然资源亟待在绿色发展的指导下进行高效的利用。

（二）级差地租理论

马克思地租理论表明，级差地租即为土地经营者针对不同等级的土地收取不同租金。而土地经营者之所以能够获取利润，是因为土地的肥力、位置是不同的，因而会产生一定的级差地租，也是土地经营权的形成基础。同时，马克思也对级差地租进行了细分：第一形态（级差地租Ⅰ）和第二形态（级差地租Ⅱ）。

级差地租Ⅰ即相同资金投放在不同土地中所获取的收益具有差异性，由此而产生的差别。首先，之所以会取得不同收益是因为土地肥力具有差异性，肥力可分为自然和经济肥力。自然肥力取决于土壤的化学结构，换言之土壤中蕴含的植物养分具有差异性；而经济肥力则考虑的是自然、经济层面的生成过程中可增强土地的生产力。土地的肥力短期内并不会出现较大的变动，然而农业化学及机械化水平的提升也会对其带来一定影响。除此之外，收益还取决于土地的位置，即土地和市场间的距离。社会生产力和土地位置之间存在很大的关联性。其一，因为随时市场的拓展，交通逐步便捷后，级差地租的位置也会出现一定的拉平，其二，农业和工业逐步脱离后会形成生产中心，这一过程反而会增大土地位置间的差别，相同的资金投放在不同的土地中，因为土地的生产率具有差异性，较差的土地中生成的产品会界定市场价格，所以若投放在较优的土地中便可以获得更多收益，这部分收益即为超额收益，可转变为第一形态的级差地租。

级差地租Ⅱ即等额的资金投放在同一块土地中所获取的利润具有差异性，因为生产率较低的产品价格反映市场价格，所以生产率较高的便能获取更多的收益，这里的收益在级差地租中便属于第二种形态。例如，一个企业租用某土地后逐步提升投资额度，由此土地的肥力和位置均有相应提升，所以获取的收益相对于之前而言也会随之增加，企业之后获取的超额收益便属于自身，这一过程是土地使用权转化为收益的过程。级差地租Ⅱ是因为土地使用者增加了投资份额提升了生产率，但是生产率是有一定的限制的，假设劳动力一定的情况下，因为土地的不同会实现不同的收益。超额收益变更为级差地租第二种形态需要一定的时间周期，且租赁期间内获取的收益归属于企业，一旦租赁期满后土地所有者增加租金，便会拥有这部分的超额收益。由此企业也会不间断地签订新的土地租赁合同，呈现一个动态发展的过程。若企业和土地所有者定立合同的过程中，上一个租赁企业追加的投资仍旧有效，土地拥有者便会通过增加租金，获取级差地租Ⅱ。

总体而言，地租这一概念源于土地所有者凭借其对土地的所有权从而向土地使用者收取的租金，马克思的级差地租理论认为由于土地的肥沃程度和产量高低的不同，土地所有者因此收取不同的地租，该地租证明了土地具有价值；生态环境与自然资源作为特殊的商品与土地的性质十分相似，通过对马克思关于级差地租理论的研究可知，生态环境与自然资源优劣程度不同也能产生不同的价值。马克思还指出，土地是"人类世世代代共同的永久财产"[①]。就国有企业而言，《中华人民共和国宪法》（以下简称《宪法》）第9条规定，矿藏、水流、森林、山岭、草原、荒地、滩涂等自然资源都属

---

① [德] 马克思. 马克思恩格斯全集：第7卷 [M]. 北京：人民出版社，2009：918.

于国家所有。《中华人民共和国矿产资源法》（以下简称《矿产资源法》）规定，矿产资源属于国家所有，由国务院行使国家对矿产资源的所有权。国家是资源的所有者，因此可以向资源使用单位收取相应的租金，且因为每片土地的地理位置、开发条件及实现的收益是不同的，所以在收取租赁时会通过差别征收的手段，因此需要国企绿色审计对企业产生的级差地租进行监督与保障。

（三）不变资本的节约理论

"两型"社会建设除了强调企业在生产过程中需要进行环境友好型经营，也要求开发与利用资源时，达到科学合理、综合规划以及节约使用的要求。马克思在《资本论》中就不变资本使用上的节约进行了深入的分析，对本书进行国企绿色审计的经济学分析具有重要的借鉴价值。

马克思将资本划分为不变资本（c）与可变资本（v），并认为"不变资本的节约，一方面会提高利润率，另一方面会使资本游离"[1]。根据剩余价值率的计算公式 $m'=m/v$ 可以发现，不变资本（c）的浪费或节约不会对剩余价值产生影响，然而在计算利润率时的分母为总资本 $C=c+v$，当在生产过程中节约了不变资本，那么"这些变化即使完全不影响工资，因而完全不影响剩余价值率和剩余价值量，也总会影响利润率"[2]。为了更进一步分析不变资本的节约，马克思将其划分为不变资本本身的节约和使用上的节约两种，前者的目的是生产过程中物耗的减少和物资效用的最大化；后者主要是指因不变资本的大规模集中使用而引起的相对节约。实际上，企业作为资源的使用者，也就是具体节约行为的实践者，由于追求经济效益的动力的确会做到微观层面的节约；然而，在宏观经济层面，"每一个企业实行节约，但是它的无政府状态的竞争制度却造成社会生产资料和劳动力的最大的浪费"[3]。因此，根据马克思不变资本的节约理论可以认为，单纯以追求利润为目的的节约行为具有微观节约与宏观浪费并存的矛盾二重性。要调和节约行为的矛盾

---

[1] ［德］马克思. 资本论：第3卷 [M]. 北京：人民出版社，2004：70.
[2] ［德］马克思. 资本论：第3卷 [M]. 北京：人民出版社，2004：120.
[3] ［德］马克思. 资本论：第1卷 [M]. 北京：人民出版社，2004：605.

二重性，必须避免企业纯粹的逐利行为，也就是需要利用制度安排促进企业的经济、绿色和社会效益的协同，三者的协同发展正是国有企业绿色审计制度安排的主要目标。

实际上，除了劳动生产率、剩余价值、级差地租理论与节约理论之外，马克思关于绿色问题的学说还包括"资本的循环和周转"，绿色产成品由于其品质管控严格和绿色健康的概念易于受到市场的接受，从而有助于资本的循环和周转；也包括"两大部类理论"，绿色发展观念通过促进社会两大部类的均衡，即生产资料和消费资料的可持续发展，一方面不断循环运动而实现的社会总资本的再生产，另一方面延续和培养新的劳动的再生产。除此之外，马克思和恩格斯针对自然和人类的关系还提出了"人化自然"的思想，同时揭示了经济效益、社会效益、绿色效益是"普遍联系"与"永恒运动"的辩证关系，这一思想也是本书研究绿色审计经济学的指导思想。

二、"绿水青山"论

事实证明国有企业过去凭借增加投入生产要素的发展方式已经不再符合可持续发展的要求，虽然扩张劳动场所、增加劳动力和生产设备在一定程度上加快了经济效益增长的速度，然而在市场经济正常运行背景下，国有企业产能过剩问题严峻。因此，现阶段国有企业改革与发展需要的是生产要素质量而非数量的提升，对资源的高效开发利用才能进一步提高国有企业的劳动生产率。在新发展理念的指导下，国有企业提升生产要素质量、提高资源利用效率的重要途径就是绿色发展。习近平总书记强调的"绿水青山"论正是绿色发展观念的重要体现，这种发展观不再局限于污染废弃物的末端治理，而是考虑了低碳、循环的环境友好型生产，通过将环境成本内部化的方式提高劳动生产率，进而促进国有企业经济效益的可持续增长。

根据上述对马克思关于绿色问题主要学说的梳理，本书以劳动生产率理论为理论工具对国有企业绿色审计进行经济学研究可以演绎出图1-3的理论逻辑，能够论证绿色审计制度是校正人与自然和谐关系的杠杆机制，通过国有企业绿色审计制度将保护生态环境转化为保护生产力，将改善生态环境转化为发展生产力，以达到撬动劳动生产率提高的效果。这就是习近平总书记指出的，"宁要绿水青山，不要金山银山，而且绿水青山就是金山银山"。如图1-3所示，企业在绿色发展观念的指导下投入的绿色生产要素，从劳动的自然生产率角度可以发现，高水平的生态环境直接提高劳动生产率，也就是同量劳动会生产出较多的超额剩余价值。与此同时，良好的生态环境能够削减个体劳动者因污染所引发的劳动成本，绿色发展理念下的国有企业能够给相关行业提供优质环保的原材料和产成品，从而为其他类型企业起到引领和示范作用，进一步提高了劳动的社会生产率。劳动的自然生产率和社会生产率共同提高的结果就是政治经济学视角下劳动生产率的综合发展。然而，企业保护生态环境和绿色转型与自身短期内的经济效益有所冲突，因此需要绿色审计来保障"绿水青山"与"金山银山"。

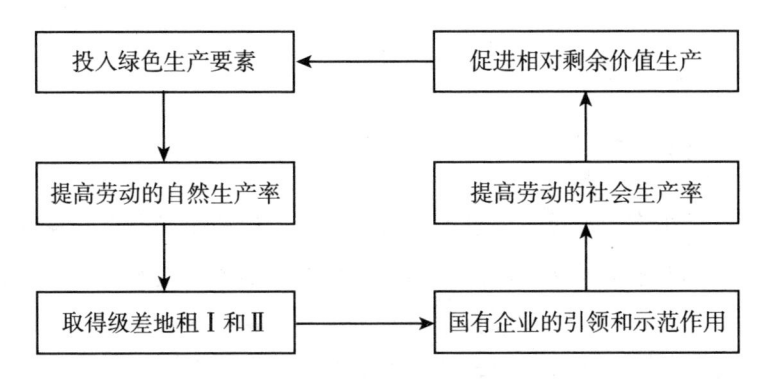

图1-3 政治经济学分析国有企业绿色审计制度的演绎

三、经济外部性与企业社会成本理论

马歇尔最先提出"外部经济"，以此延伸出外部性并逐步拓展出外部性理论。所谓外部性即个体成本和社会成本、个体收益和社会收益之间的差异，个体行为可能对他人带来影响。倘若个体作出的行为可增加社会收益且没有获得报酬，这种属于正的外部性，相反则属于负的外部性。环境问题是典型的负外部性，在粗放型的生产体系中尤为常见。以排污为例，企业在排放污水时可能直接向周边地区排放或进行相应的治理。若缺乏有效的监管，企业极有可能直接排放至周边地区，因为企业若管理污水排放需消耗一定的资金。直接排放污水则将公司治理的费用转变为社会化的，整个社会为企业的排污行为承担成本。完全竞争市场中，厂商的边际收益等同于市场价格，而相较于社会，产品最优产量即边际成本和边际社会收益等同时获取的产量。但是因为出现了负外部性，边际社会成本是很难通过个体呈现的，这一过程中出现的社会产量则是个体成本和收益等同时获取的。实际产量超过最优产量，所以没有实现最理想的社会效率。如图1－4所示，在需求等于边际收益的条件下，即 D = MR，如果排放污染物却不负担相应的环境治理义务，即社会边际成本大于私人边际成本，即 SMC > PMC，此时由于厂商在作决策时所考虑的是在生产的私人成本基础上寻求利润最大化，导致存在负外部性的厂商产出水平将超过社会最优水平，厂商通过排污、制造光、化学、噪声和固体废弃物等环境污染获取的收益，却给社会带来了环境成本，造成了图1－4中阴影部分的效率损失。本书把国有企业的生产、销售和排放等经营活动放到"环境—经济"复合系统中考察，就会得出这样的结论：环境问题是一种典型的负外部性，产生了不能全部反映到市场交易价格中的额外社会成本。

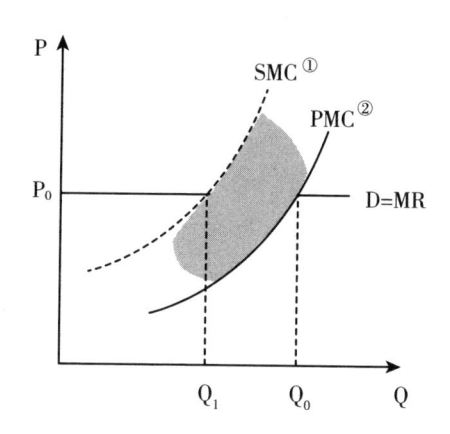

图1－4 外部性导致效率损失

自然资源出现的负外部性问题主要有：首先，自然资源在使用过程中可能会导致代际不公平问题，特别是一些无法再生的资源。可持续发展理念在

---

① SMC，Social Marginal Cost，社会边际成本。
② PMC，Private Marginal Cost，私人边际成本。

执行时需要资源可以高效分配、利益共享，不仅能满足当下人民的需求并考虑到未来人类子孙的需求。所以公司在使用自然资源时，不能一味考虑当期利益，需兼顾未来人类子孙的发展，代际间实现资源的合理分配。其次，在使用自然资源时一般会出现相关的环境问题。资源的分配是和环境息息相关的，若不加审核限制的使用自然资源，极有可能对周围环境带来环境污染。如煤炭工厂在开挖煤炭的过程中，会引发地表塌陷等问题并严重的造成周围环境污染。此外，开挖煤炭可能会侵害到周围环境中的植物、农田等，不利于水资源的滋养并带来环境污染，不利于环保事业的发展。但是矿产资源开采时，分析开采成本的过程并未能兼顾开采行为对周边环境的损害。为做到资源的合理分配，需将外部成本逐步内部化。公司在计算资源成本的过程中，一方面需考虑资源开采的成本，另一方面需兼顾资源开采后对周围环境带来的侵害及可能对未来造成的影响。

为应对好外部性问题造成的市场失灵，经济学家总结出各类应对方案，最具典型的为庇古手段和科斯定理。其中，庇古手段是指，经济活动中个体消耗的成本，并不等同于社会成本，因而使得资源配置效率低下，所以为处理好外部性问题，需制定合理的税收政策或政府给予合适的补贴由此逐步实现内部化，利用图1-5中强制增加污染企业生产成本的方法来解决外部性问题，也就是通过政府强制的手段将图中PMC曲线上升到与SMC重合的位置，新曲线与PMB①的交点E_1即帕累托最优产量。与之对应的，科斯认为解决外部性问题并不一定需要政府的参与，并提出了著名的"科斯定理"，即"只要财产权是明确的，并且可以自由交换，只要交易成本为零，则无论财产权初始分配给谁，经济最终都能运用到有效率状态"。通过以上分析可以看出，科斯定理着重明确产权问题，通过产权应对外部性问题，其更加关注市场本身含有的运行规律，而庇古手段则更为看重政府在其间产生的影响。

---

① PMB，Private Marginal Benefit，边际私人收益。

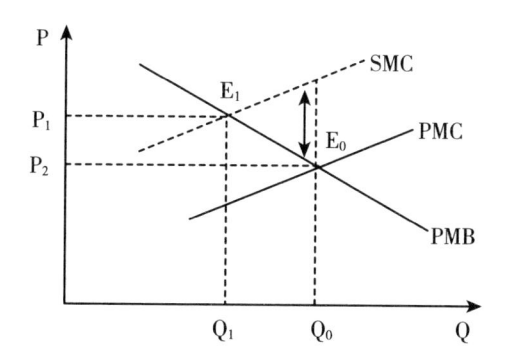

第一章 国有企业绿色审计制度的起源与理论基础

图 1-5 庇古手段解决外部性

政府与企业在促使资源环境问题逐步内部化的过程中，使用的庇古手段和科斯手段均存在相应的不足。若使用庇古手段，首先需获取针对污染公司收取的最佳税率，然而税务机关很难界定出最佳税率，其中的缘由在于公司并不倾向于主动向税务机关提供相应的分析数据，不会协助税务机关制定税率，但可以隐蔽数据由此获取较低的税率。因此，其中存在的信息不对称现象不利于庇古手段的实施。而科斯手段的缺陷包括，首先，交易费用为零的假设在现实往往并不存在，市场中交易者缔结契约和履行契约的代价等交易费用通常很高，如公司和利息相关方定立合同的过程，需偿付时间、通信等不同维度的成本。在此，假设不需要偿付交易成本，企业可能会面临"策略性行为"现象，在实际经济活动中交易者一般均会制定策略维护自身利润，而并不会过多考虑合作方的收益，如在企业和利益相关者的谈判中，存在"搭便车"的策略性行为会使得利益相关者缺乏积极性参与谈判，从而使市场达不到帕累托最优状态。其次，明晰产权这一行为本身代价昂贵，在我国资源与环境法治进程相对滞后的现实困境下，利用法律这种正式制度来明确企业资源开采与环境保护的权利往往是普遍而非具体行为。与本书相关的研究，中国税收政策调整的低碳效应研究也证明了这个观点。[①]

因此，本书研究一个新的制度安排，即国有企业绿色审计，尝试弥补庇古手段和科斯手段的缺陷，在中国这个特定的环境下存在天然优势。根据审

---

① 郑国洪. 中国税收政策调整的低碳效应研究 [J]. 财政研究, 2017 (7): 102—113.

计职能的再认定以及问责属性，减少甚至消除国有企业生产、销售和排放等经营阶段的信息不对称程度，利用审计的鉴证职能，修正信息在传递过程中的噪声和扭曲，既能够提高国有企业绿色责任人进行经营决策时的正确性，又能向企业的利益相关者传达企业有效履行经济责任、社会责任和绿色责任的积极信号，从而减少利益相关者在谈判中的策略性行为。另外，国有企业绿色审计作为一项制度安排，依据正式法律对国有企业绿色责任人在环境保护和资源开发中的经营行为进行鉴证与监督，与绿色核算与行政监督等其他明晰产权的手段相比，既保持自身的独立性和客观性，也兼顾灵活性与成本效益原则。

四、可持续发展与循环经济理论

20世纪80年代，世界环境与发展委员会公布了一份环境报告——《我们共同的未来》，报告中出现了"可持续发展"一词，报告明确表示，不断向自然索取并非人类进步和发展的可取之道。在市场经济中，可持续发展被定义为：企业要采取一种环境友好型的方式谋取自身利益的最大化，做到这一点的企业都可被视为处于可持续发展状态。我们可根据以下内容来理解可持续发展的内涵：（1）人类必须以自然界的再生能力作为"红线"来开发、利用自然资源和排放废物、废气、废水。只有凡事都考虑到自然的再生能力，才能协调并处理好人与自然的关系，为子孙后代谋福祉。（2）应该本着"协调统一"的原则实现可持续发展，即采用统一的发展模式实现经济效益、社会效益和环境效益的协调。可见，政府和企业必须将自身与环境的关系作为制定环境保护策略的依据。（3）可持续发展观认为人类也是自然界的一份子，人类必须树立尊重自然的价值观，摒弃过去无视自然、忽视自然的观念。

微观企业的可持续发展问题是可持续发展研究领域中的一项重要议题。企业要在经营管理和竞争中脱颖而出，赢得更多公众的支持和理解，就要坚持走可持续发展道路，认真审视自身与环境之间的关系。企业在发展中会不可避免对环境造成破坏，对之进行严格的管控是相当有必要的。帮助企业树立可持续发展观，能够让它们意识到，自身发展不能建立在牺牲环境和资源之上，这种粗放型的发展方式并非长远之道，而且企业做大做强也并非一朝一夕之事，只有尊重自然，才能得到自然的回馈。故而，企业要以可持续发展理论作为开展环境管理工作以及制定企业绿色审计评价指标体系的依据，实现企业文化与可持续发展理论的融合。毫无疑问，可持续发展理论显然已经成为低碳经济背景下构建内部绿色审计评估指标体系的重要依据。

生态文明时代主张的是循环经济，这与传统经济模式一味地追求产量有着天壤之别。循环经济要求人们在合理开发和利用资源与环境的前提下，适度发展、科学发展，这种发展模式既能使生产者和消费者的利益得到满足，也能将生产活动对环境的负面影响降至最低，最大限度地提升资源的利用率，本着资源化、可再生化、减量化的原则，通过合理开发与利用可再生与清洁能源，实现经济的可持续增长。

就物质层面而言，无论是新自然资源或是非自然资源的循环利用，亦或是自然资源的循环都属于循环经济。循环经济发展所遵循的三大原则归根结底就是要控制自然资源的使用量，既要将一切资源用到该用的地方，杜绝浪费。但是人口规模的壮大速度决定了资源不可能以稳定的速度被消耗，有限的自然资源总有被消耗殆尽的一天。因此，如何开发和利用新资源和非自然资源就成为循环经济得以发展的关键点。对于循环经济而言，要做到节约，也要做到开源，开源的重点就在于新资源和非自然资源的开发与循环利用。

就技术层面而言，与"资源消费—产品—废物排放"的传统经济活动相比，循环经济走的是"资源消费—产品—再生资源"的路子，前者与后者是开放型物质流动模式和闭环型物质流动模式的差别。循环经济的目标是：（1）以技术为跳板，控制生产时所消耗的能源和资源，最大限度地实现资源生态环境的利用价值；（2）实现生产技术链的不断扩展，使企业能够在生产的同时处理好污染，达到减排要求；（3）集中回收和处理无法被生产企业使用的废弃物，不断壮大环保和资源再生产业的规模。可以说，新型工业化的终极形态就是循环经济模式，这也是建设生态文明的有力之举。

随着中国市场经济的不断成熟以及政府职能的转变，坚持走循环经济的路子，实际上就是要用动态的、发展的眼观看待环境污染和资源之间的关系，采用科学的方法减少经济发展投入，以有限的资源获得最理想的发展成果。

五、权变论与系统科学论

权变论诞生于 20 世纪 70 年代,在经济学界有着举足轻重的地位。权变理论的产生具有十分复杂的时代背景,在 20 世纪 70 年代,随着各个企业规模的不断扩张,各个行业的市场竞争逐渐加剧,这也让各个企业所处的日常经营环境变得更加复杂,在这种时代背景下,为了让企业能够更好地适应复杂且不断变化的经营环境,权变理论应运而生。伍德沃德(J. Woodward)、菲德勒(Fred E. Fiedler)等通过对比各个行业中企业管理机制和组织机构的不同,发现即便是同处一个行业的企业,也会由于发展阶段的不同造成管理机制和组织机构的差异,并且这种差异会伴随着企业所处经营环境的变化而动态变化。因此,他们得出了在企业管理过程中不可能有完全适用于所有企业的管理理论或管理办法的结论,不同行业和不同阶段的企业应结合自己的实际情况来制定和所处经营环境相匹配的管理方法和组织机构。

权变管理理论认为,要想提高企业的经营和管理效率,必须要找出企业所处的环境变量(由外部环境变量和内部环境变量组成)和管理变量(包括企业管理方法和管理技术等)间的函数关系,通常因变量为管理变量,自变量为环境变量。因此,要想顺利完成组织目标,因变量应紧随自变量的变化,即随着环境变量的变化管理变量应作出相应的调整。在最近几年中,随着中国经济水平的不断提升,环境问题越来越严重,中国政府在"十三五"规划中明确提出了要在 2016—2020 年加强对高污染、高排放、高耗能行业的管理,要尽快完成产业结构优化,最大程度上降低对生态环境的污染,这也充分说明了绿色经济已经逐渐成为中国乃至全世界未来的发展趋势。因此,为了顺应时代发展潮流,审计工作的重心也要逐渐朝着"绿色化"的方向靠拢,现在我们考虑的首要问题已经不再是企业的经济效益,还必须对企业环境保护责任的履行状况进行考量,才能得出客观的审计结果,也就是我们所说的要对企业进行"绿色审计"。

绿色审计最重要的要素是评价模式和评价指标。评价模型的建立决定了评价指标的设计。评价指标不仅是评价企业负责人行为的主要依据,还是所有评价内容的重要载体。根据权变管理理论,第一步要对企业负责人绿色责任评价指标体系的各个权变变量进行划分。在如今这个信息爆炸的时代中，企业所处的外部市场环境具有更低的可预测性，这就要求在使用权变理论时必须综合评估下列因素：（1）企业的各方面能力，如企业的灵活性、法人的执行政策、企业承担风险的能力、企业保护环境的能力。（2）设计评价指标体系时不能只有财务指标，还必须设置可持续发展责任指标、环境保护责任指标以及社会责任履行指标等非财务指标。（3）在选择评价指标时要结合企业的具体行业和企业所处的发展阶段。在权变理论中，不存在永恒不变且适用于所有企业的评价体系，要想建立科学的绿色审计评价体系必须要熟知企业所处的内外部环境，所以我们在进行国有企业绿色审计时要客观准确地分析企业所处的内外部环境，结合其实际情况和生态文明发展的基本要求来制定评价指标体系。

系统科学论的核心思想是如何探明系统的本质属性，并使该系统达到最优。系统科学论在企业管理领域中有着丰富的应用，将系统科学理论运用于企业绿色审计中具有普遍的方法论意义。美籍奥地利学者贝塔朗菲于20世纪20年代（L. V. Bertalanffy）提出了系统理论的思想，并于1968年出版《一般系统理论：基础、发展和应用》一书确立了系统科学理论体系。中国学者钱学森致力于研究系统工程理论研究，钱学森（1988年）在《论系统工程（增订本）》中阐述，"系统是由相互作用、相互依赖的若干组成部分结合的具有特定功能的有机整体"。第一，整体性，即一个整体是由若干不同部分构成的；第二，关联性，即组成整体的部分相互之间存在关联，系统与外部环境也存在联系，这种相互作用、相互依赖即称为关联性；第三，层次性，一个系统由不同部分组成，又是更大系统中的一个子系统，这就构成了系统的层次性；第四，统一性，系统即使处于不同层次也具有运动规律的统一性，其系统运动存在组织化的倾向。[①]

根据上述有关系统的定义及其整体性特征，将系统科学论应用于企业绿色审计中，即把企业绿色审计视为一个系统，该系统由审计主客体、评价指标、审计标准以及审计方法等多个部分组成，在对企业负责人进行绿色审计

[①] 钱学森，等. 论系统工程[M]. 上海：上海交通大学出版社，2007：1.

的过程中,各个组成部分构成了不同的子系统,发挥着相应的作用。就系统层次性特征而言,企业绿色审计系统又包含于上一层次的企业环境管理系统之中。在系统关联性和统一性方面,在企业所处的社会环境、政治和法制之间,企业所扮演的角色也越来越重要。企业内部系统的组成子系统之间相互作用,例如,绿色审计系统影响企业社会责任系统,这种子系统之间作用的统一性关系将推动企业不断发展。因此,通过运用系统科学论将有助于我们建立起一个具有科学性和客观性的绿色审计评价体系,[①] 同时帮助审计人员系统、全面地评价和监督国有企业绿色责任的履行情况。

六、委托代理与公共受托责任理论

(一) 委托代理理论

委托代理理论的诞生源自专业化分工的出现,而专业化分工则是生产力不断发展而日益精细的趋势,这一局势孕育了许多专业知识代理人,这些代理人通过与资产所有者签订契约的方式获得资产管理权,负责对委托人的资产进行管理和经营。随着时间的推移,这种委托代理关系的弊端越来越明显,即两者有着完全不一样的效用函数。委托人将资产交由代理人管理是为了实现资产的增值保值,但是代理人却想要从中获得最大的利益,两者有着潜在的利益矛盾,当监控机制缺失时,代理人通常会通过牺牲委托人利益来实现自己的利益目标。

以国有企业为例,委托方和代理人分别是政府与国有企业的法定代表人。若两者的利益目标存在矛盾,那么国有企业法定代表人就会通过牺牲国家利益来实现自身利益的最大化,于是便会出现由于如信息不对称而导致的代理成本问题。根据实践经验来看,事前信息不对称会引发"逆向选择"的现象,因为在委托关系尚未建立之前,国有企业领导人的道德与能力对于国家而言是一个未知数,为避免这一问题的出现,国家在任用国有企业领导人之前就有必要通过开展审计工作来评估其综合能力,以此评估其有无能力成为委托人。事后信息不对称会引致"道德风险",因为委托代理关系成立之后,

---

[①] 付姝芳. 企业绩效评价创新的基本构想 [J]. 会计之友, 2004 (11): 27.

国有企业就被国家全权交由国有企业领导人进行管理和经营，受托人可能利用手中的权力作出一些有损国家利益的私人行为，而作为委托方的国家可能对此毫不知情，也难以对国有企业领导人履行职责的情况进行客观、准确的评估。

鉴于以上情形，各级政府国有资产管理部门通过与国有企业领导人签订若干虚拟契约的方式来控制委托代理成本，而外部第三方的监督则成了契约能否得以执行的关键，其中第三方的监督实际上就是国有企业领导人的绿色审计。具体来说，就是国有资产管理部门的审计机构通过开展绿色审计工作的方式来评估国有企业领导人有无按要求完成各项本职工作，这也是评估其工作绩效的重要依据。根据委托代理理论的内容来看，实施国有企业领导人绿色审计可以有效地消除信息不对称的现象，保证国家能够清楚地知道国有企业领导人的道德、能力等方面的真实情况。因此，增加国有企业领导人履行绿色责任相关信息的可信度、准确性就是国有企业领导人绿色审计的本质，这为国家任免优秀干部提供了支持。绿色审计能够对代理人的逆向选择和道德风险行为进行及时的预防、披露和控制，使信息在委托人和代理人之间流畅运作，也能使委托代理契约得以执行，为双方的利益提供保障。国有企业委托代理责任审计作用如图1-6所示。

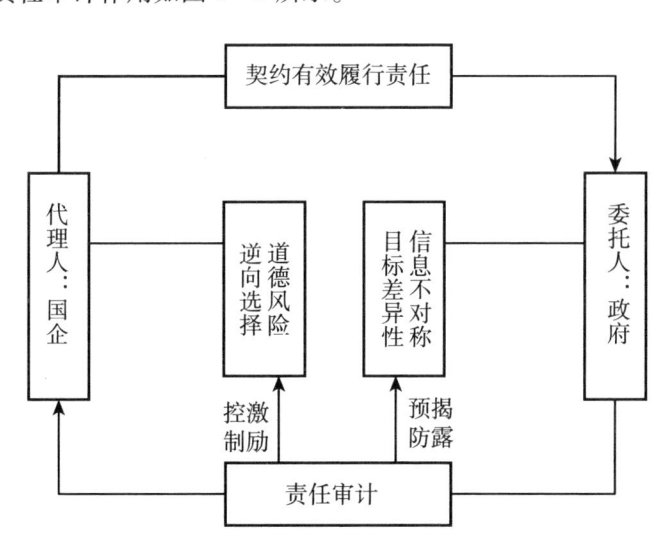

图1-6 国有企业委托代理责任审计作用

（二）公共受托责任理论

知名学者杨时展先生指出，自受托责任产生之日起，审计就已经存在，并与之平行发展。[①] 拥有财产的委托人通过与受托人签订委托经营契约的方式来保护自己的切身利益，主要保护方式就是检查和监督受托人履行受托责任的具体情况。公共受托责任和公司受托责任均属于受托责任。本书以国有企业领导人作为研究对象，其实质上是国家公职人员，享有公共权力，故而本书将以公共受托责任论作为研究的理论基础。

国有企业领导人经济责任审计的产生是由公共受托责任关系的出现而决定的。国有企业的财产为国家和人民所有，他们委托国有企业领导人对国有资产进行管理，而作为受托人的国有企业领导人，其义务就是对这些资产进行科学、有效的管理，达到预期的经营目标，这样才算是履行了公共责任。仔细分析这种委托代理关系不难发现，国家和人民与国有企业领导人的利益并非完全一致，故而需通过对其进行经济审计的方式来保证其正确履行公共责任。

国有企业领导人经济责任审计随公共受托责任关系的发展而发展。根据国内外历年来的审计经验不难发现，"效果性""效率性""经济性"是用于评估公共部门受托责任的三个传统标准。但就当前的审计形势而言，在评估、监督和鉴证公共部门履行受托责任的情况时，仅以上述标准作为判断依据是远远不够的，还需要将绿色责任、社会责任、可持续发展责任三方面的内容考虑进去。可见，当公共受托责任理论发展到一定程度时，国有企业领导人经济责任审计的内容也将从过去重视财政财务收支的效益性、合法性、客观性，逐渐变为三大传统指标与重大决策责任、可持续发展责任、履行社会职责责任、廉政从业责任并重。国有企业公关受托责任关系如图1-7所示。

---

① 杨时展. 会计信息系统说三评：决策论和受托责任论的论争 [J]. 财会通讯，1992 (6)：8.

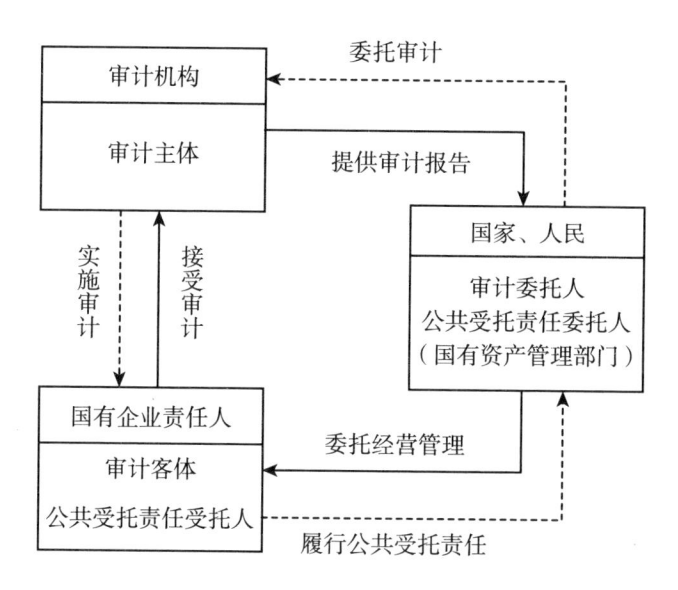

图 1-7 国有企业公共受托责任关系

社会责任包含了绿色责任，其与公共受托责任有着千丝万缕的联系。回顾公共受托责任的发展历程，其一共经历了三个阶段，分别是受托财务责任、受托管理责任以及受托社会责任。国内学者认为，受托责任诞生之日即审计产生之时，也可以理解为审计与受托责任相伴而生、共同发展。经济责任审计与绿色审计的发展动力就源自公共受托责任的诞生。故而，本书以经济责任审计为切入点来研究绿色审计。

在过去，大部分学者都认为应该从微观经济责任（如财经法纪、财务收支）的角度来界定经济责任审计的范围。然而，随着时间的推移和相关理论的成熟，部分学者（如蔡春，2006年）认为应该将领导干部的宏观经济责任，乃至社会责任也作为界定经济责任审计的依据。[1] 在研究经济责任审计时，有些学者已经开始尝试以广义受托责任观入手，将社会责任或绿色责任也考虑进去。然而，领导干部经济责任审计对环境保护责任还未予以高度重视，故而我们应该从责任主体、形式、责任履行与追究这几个方面来界定绿

---

[1] 蔡春．环境审计论［M］．北京：中国时代经济出版社，2006：23—24．

色责任。①

改善环境管理水平的有效举措之一就是对绿色责任进行评估与追究，个别专家已根据前人的研究成果，另辟蹊径，提出了将环境审计与经济责任审计结合起来研究的想法，绿色审计就是在这一背景下诞生的，其中为其出现提供理论指导的是可持续发展理论以及受托责任理论。② 从本质上看，绿色审计实际上就是一种用于对领导干部政府环境行为进行创新与约束的方式，它通过将政府行为人格化，重点审计领导干部行使职权以及履行绿色责任的实际情况，并根据审计结果追究领导干部的责任，"多元一体化"即其实施主体的显著特征。③

第三节 我国企业绿色审计的产生与发展

一、绿色审计的产生

对于企业责任人而言，受托经济责任与绿色责任的逐渐融合是绿色审计产生的根本原因。即使经历过次工业革命，不可再生自然资源稀缺性的困境仍未改善，特别是早期阶段粗犷式、掠夺式的发展，自然资源贮藏量骤减已经成为全球性问题，同时自然环境由于企业粗犷式的污染破坏而不堪重负。资源短缺以及环境危机是全人类共同面对的问题，因此受托经济责任的外延扩大到环境领域产生绿色责任，而绿色责任的内涵就是要求企业必须走向有效利用自然资源、积极维护生态环境的可持续发展之路。审计作为企业有效履行绿色责任的监督与保障机制，在建设生态文明的背景下扩展原有审计的审核领域，扩充传统审计的监督职能范围，保障企业绿色发展履行好绿色责

---

① 周曦.基于经济责任的环境审计路径选择：浅析经济责任审计中的环境保护责任审计［J］.审计的经济学研究，2011（5）：24—27.
② 江苏省审计厅课题组，赵耿毅.从江苏实践看环境责任审计［J］.环境经济，2011（8）：37—42.
③ 牛鸿斌，崔胜辉，赵景柱.政府环境责任审计本质与特征的探讨［J］.审计的经济学研究，2011（2）：29—32.

任，由此产生了企业的绿色审计。在审计内容上，经济责任审计与环境审计的融合是绿色审计的范畴。

绿色审计起源于20世纪60年代的西方国家，经历各种危及人类社会安全的环境事件之后让人类反思：如何做到经济、环境、社会三者可持续发展、统一和谐，而绿色审计正是实现三者可持续发展时代需要的必然产物。从企业自身微观层面分析，现代化企业管理和企业社会责任的实现需要绿色审计。企业生产经营活动中所产生的固体和化学品废弃物、排放的"三废"以及其他污染物会直接降低企业员工的生产效率和工作情绪，还会危害企业员工的身体健康而支付职工福利费用，无论如何，企业破坏环境将直接或间接提高其生产成本支出，因此现代化企业管理为了降低生产成本进行绿色审计势在必行；企业若无视其所在地周边环境，直接向其所在社区排放污染物，首先是不顾环境方面的社会责任，其实应受到破坏环境的法律制裁，增加了企业生产经营的风险。由此可见，在构建生态文明、生态社会的过程中，绿色审计实际上就是一种监督和保障企业履行环境保护义务的有力工具，它是现代化企业管理和企业社会责任中必不可少的重要组成部分。从社会环境宏观层面分析，企业对环境造成的影响不可谓不大，例如，大型工业企业聚集的城市中污染排放、化学污染等问题使得区域环境危机严重。企业对不可再生资源的使用也事关重要，例如，矿、林等资源开采直接关系到未来国家的工业发展。因此，国家不仅需要从宏观角度对生态环境和自然资源进行统一规划和管理，还需要利用绿色审计对其效果进行监督和保障。在生态文明建设的大背景下，国家关于环境的经济政策、可持续发展的规划制定以及环境政策实施落实等方方面面都需要审计，绿色审计的产生恰恰符合国家对环境相关政策落实情况进行监督的需要，同时也能保障绿色发展之路的顺利畅通。

二、我国绿色审计的发展历程

由于我国开展环境治理工作起步较晚，中国的绿色审计当前仍处于理论探讨阶段。自20世纪70年代全国环境保护会议之后，自然资源匮乏与生态环境污染的问题越来越受到广泛关注。1979年，《中华人民共和国环境保护法（试行）》（以下简称《环境保护法（试行）》）颁布，该法阐明了当时最为严峻的环境保护问题,即由谁负责开展环境保护监督和治理工作。之后,中国相继出台了多部用于防治环境污染的法律法规,为开展绿色审计工作奠定了法律基础。进入21世纪以后,审计理论界对环境相关的审计活动也进行了理论摸索与探究,有力促进了中国绿色审计的理论发展。关于绿色审计在中国的发展阶段与历程如表1-2所示。

表1-2 中国绿色审计的发展历程

发展阶段	时间	标志性事件	发展历程
初步建立阶段	1983—1997年	中华人民共和国审计署成立	初步建立的萌芽阶段:绿色审计相关的概念尚未在审计机构中普及,而涉及环境相关的审计事项通常被包含于其他审计活动中。20世纪80年代末到90年代,《建设项目环境保护管理办法》(1986年)、《环境影响评价技术导则 总纲》(1993年)等法规的推行使得涉及环境相关的审计工作有据可依。此时的环境相关审计活动还未脱离传统的账项基础财务审计,例如,审核生态环境部门划拨企业用于环境保护的补助资金真实性、企业排污费收取和支出合规性的情况等
实践探索阶段	1998—2002年	审计署成立农业与资源环保审计司,绿色审计职能机构初步建立	实践摸索的初级阶段:绿色审计初现雏形,环境相关的审计工作受到国家以及社会各界重视。1998年,审计署农业与资源环境保护审计司组建之后,其派出机构也组建了与环境相关的审计专门机构,绿色审计因此有了组织基础。审计署自中国构建了绿色审计职能机构之后就提出了"摸清家底,探索路子"的建议,旨在摸清当前绿色责任的履行情况,同时探索实施绿色审计的工作办法;之后审计署通过"积极试点,稳步推动"的工作办法,积极进行绿色审计实务的试点工作,与此同时在理论探索上积极展开研究。最高审计机关国际组织(The International Organisation of Supreme Audit Institutions,INTOSAI)环境审计工作组于2002年吸纳中国审计署成为工作指导委员会委员之一,进一步促进中国绿色审计的发展。在这一阶段,审计署组织开展了一系列的实践工作,诸如2001年的天然林资源保护工程项目专项审计、2002年的退耕还林资金专项审计等,从实践中摸索绿色审计经验

续表

发展阶段	时间	标志性事件	发展历程
逐步规范阶段	2003—2007年	审计署成立环境审计协调领导小组，绿色审计理论兴起	逐步规范的统筹阶段：2003年7月，环境审计协调领导小组与财政审计、经济责任审计协调领导小组同时在审计署成立，主要负责组织协调跨地域审计合作以及跨流域环境相关审计事项，这说明环境问题的普遍性得到了进一步的认识，绿色审计的需求进一步增强，绿色审计呈现多元化的发展态势。《审计署2003至2007年审计工作发展规划》反复强调，"加大协调力度，以国际先进经验为指导，重点落实审计监督国家重点区域环境保护投入重大项目，结合国情，构建科学、完善的环境审计体制"[1]，规划还明确表示，在落实"环境保护"国策方面，资源与环境审计起到了至关重要的作用。环境审计理论的不断成熟，以及绿色审计制度的建成，为审计实务工作的规范化、流程化提供了指导作用，推动了绿色审计实用技术方法的研究和推广运用
快速发展阶段	2008年至今	审计准则要求注册会计师对被审计单位披露的环境信息进行审计并发表审计意见	快速发展的成熟阶段：审计署于2008年下发了《审计署2008至2012年审计工作发展规划》，规划认为六大审计类型中应当包括资源环境审计（除资源环境审计之外，六大审计类型还包括经济责任审计、企业审计、财政审计、涉外审计、金融审计），[2] 帮助企业树立节能减排意识，主动承担环保责任。这标志着中国绿色审计的地位得到质的提高，绿色审计工作驶向了发展的快车道。关于绿色审计的"效益性"，2010年发布的《中华人民共和国国家审计准则》给出了具体的解释和说明。[3] 2014年，我国出台了《党政主要领导干部和国有企业领导人员经济责任审计规定实施细则》，明确规定，领导干部经济责任审计内容包括生态环境保护和自然资源资产的开发利用情况。[4] 审计署"十三五"规划要求2018年起全面推行《领导干部自然资源资产离任审计暂行规定》[5]

---

[1] 审计署2003至2007年审计工作发展规划 [J]. 中国审计, 2003 (15): 2—4.
[2] 审计署2008至2012年审计工作发展规划 [N]. 中国审计报, 2008-07-14 (3).
[3] 张立民, 张继勋, 周德铭, 章轲, 刘绍统, 虞伟萍, 丁仁立, 项文卫, 耿建新.《中华人民共和国国家审计准则》笔谈 [J]. 审计研究, 2010, 06: 10—22.
[4] 党政主要领导干部和国有企业领导人员经济责任审计规定实施细则 [N]. 中国审计报, 2014-07-28 (4).
[5] "十三五"国家审计工作发展规划 [N]. 中国审计报, 2016-06-03 (3).

环境审计一词，最初出现在1991年，是审计署对兰州、重庆、广州等城市开展的以审计排污费征缴和使用情况为内容的环境合规性审计。在中国当前的理论研究与实践中，特别是政府和国家审计实务当中，"绿色审计"这一名词还未普及。本书认为，绿色审计并非仅是将传统财务审计进行"绿色化"升级，也不是单纯的环境资源审计。而是在生态文明建设目标的指引下，将经济责任审计与资源环境审计相结合的概念。与绿色发展、绿色GDP等一系列在生态文明建设中与企业、经济、社会发展息息相关的新兴概念组成体系，"绿色审计"正是因其前瞻性成为本书对经济责任审计、资源环境审计与绿色发展观念三者有机结合的研究对象。

三、绿色审计、资源环境审计与经济责任审计辨析

绿色审计的总目标是确保绿色责任履行时的效益性，达到经济效益、社会效益和绿色效益的和谐统一。当然，审计的基本目标是监督经济主体经营活动的公允和合规，这也是绿色审计制度总目标的基本保障。然而，本书的分析对象——国企绿色审计——与传统的经济责任审计和资源环境审计有所不同，具体表现在绿色审计一方面响应建设生态文明战略及"新发展理念"的呼唤，对经济责任审计的审计范围进行了系统性的补充；另一方面相比资源环境审计的审计目的更加全面，不再囿于依法使用资源和保护环境，而是对国有自然资源的科学利用情况的经济性、效率性和效果性作出综合的评价与监督。

（一）绿色审计是对经济责任审计的再补充

如前所述，经济责任审计是由独立的第三方对国企负责人的受托经济责任履行情况进行审计，通过审计保障国有资产的保值增值，提高资产的经济效益。《党政主要领导干部和国有企业领导人员经济责任审计规定实施细则》（2014年）等准则之所以越来越强调资源和环境因素，显然是为了响应建设生态文明战略及"新发展理念"的呼唤。与传统经济责任审计相类似，绿色审计是突出对受托环境责任进行监督和评价，通过审计促进国有企业经济效益、社会效益和绿色效益的协同效应。可以认为，国有企业经济责任审计的

受托经济责任在建设生态文明战略背景下演化和补充为受托社会责任和受托绿色责任。因此，绿色审计是通过对经济责任审计范围的再补充，促进、加强环境管理和环境保护，最终实现经济的可持续发展。

（二）绿色审计是对资源环境审计的再监督

企业的资源环境审计本质上是一种控制活动，通常是对企业利用自然资源的合规情况与履行保护生态环境的义务进行评价与监督，而缺乏对国有自然资源的科学利用情况的经济性、效率性和效果性的综合审计。事实上，企业除了需要执行和落实资源环境方面的法律法规之外，通过资源环境审计模式进行监督已经不能满足现代企业管理的需求。一方面，在最近几年，由于环境问题日益严重，社会公众的环保意识逐渐提高，企业在环保事业上的资金投入也越来越多，因此对环保资金的审计结果受到很多人的密切关注。对环保资金的审计工作主要有审计环境资金的筹集、审计环境资金的使用等内容，而这些审计内容已经突破了传统的资源环境审计。另一方面，企业环境项目的效果性、经济性、效率性均可通过绿色审计得出，而资源环境审计往往局限于合规性，导致难以正确衡量和反映企业环境项目对企业经济效益和社会效益的影响。

四、我国企业绿色审计的发展趋势

一方面，审计技术方法不断创新。绿色审计的实践经验证明，传统审计方法以及逐渐兴起的审计技术同样适用于企业的绿色审计。绿色审计因其专业性和技术性强，需要不断地吸纳创新审计技术，例如，逐渐开始投入使用的无人机监测技术、地理信息系统、全球定位系统、空气监测系统等一系列新型审计技术在绿色审计中功不可没，实现了传统审计技术达不到的效果。因为绿色审计学科交叉度高的特点，需要持续地吸收创新审计方法，例如，将事前绿色审计、事中绿色审计与事后绿色审计相结合，采纳生态环境管理、自然资源利用方面德尔菲（Delphi Method）专家小组的建议等审计方法。

另一方面，审计职能更加关注生态环保责任。在"免疫系统"审计观念下，绿色审计除了监督、鉴证和评价三大传统功能外，预防生态环境危机、修复环境状况等保障性职能将发展得更加完善。在绿色审计实务工作当中，审计人员对"高污染、高能耗"等双高企业进行摸底和分析，明确预防、修复环境保护的工作重点。[①] 在出具审计意见和报告时，披露被审计单位存在的绿色责任问题，并提出针对性的专题报告和评估意见。总之，绿色审计未来的发展与完善离不开审计人员工作实践中的创新，也离不开生态文明建设战略的指导，才能积极探索出绿色审计在保障节能减排、循环低碳以及自然资源利用与生态环境保护中的积极作用。

第四节 绿色审计概念框架与理论框架

一、国有企业绿色审计概念框架

（一）绿色核算体系概念

随着绿色发展思想潮流不断演化以及绿色 GDP 概念逐渐兴起，绿色核算体系已经成为环境经济研究领域的重要工具，同时也为评价社会发展状况提供了先进的标准。正如图 1-8 所呈现的，一般而言，绿色核算体系由三大构成要素组成，分别是作为首要目标的绿色 GDP 核算、作为基础措施的绿色会计以及作为保障机制的绿色审计。[②] 在这三大构成要素之中，绿色 GDP 的概念解释存在广义和狭义之分：为了衡量社会与环境发展的真实情况，广义绿色 GDP 把包括环境影响在内的社会整体福利运用到传统 GDP 计算的调整修正过程当中；而微观意义的绿色 GDP 解释是对传统 GDP 计算方法进行自然资源和生态环境方面的调整得到的绿色 GDP。作为生态经济学与传统会计学相互交叉彼此渗透的新生产物，绿色会计为了准确计量市场经济下自然资源

[①] 官银. "免疫系统"论下绿色经济责任审计的创新 [J]. 现代企业, 2015 (11): 70—71.
[②] 韩乃志, 于昆. 绿色经济与绿色审计 [J]. 中国审计, 2007 (19): 43—45.

与生态环境的价值而采用全面且细致的微观计量方法,[①] 因而是绿色核算体系的基础措施。而作为保障机制的绿色审计,在绿色核算体系中存在如下作用:第一,由于绿色审计着重强调环境保护,因而促进环境成本、环境绩效和绿色利润等企业对自然环境的影响程度在绿色 GDP 核算和绿色会计核算中真实、客观地反映出来,以此全面衡量国民生产总值和企业经营状况;第二,绿色审计通过对企业资源利用情况、环境污染和治理情况的再认定,能够评价与监督企业资源节约以及环境友好的经营情况,有助于引导企业甚至社会公众对环境的保护意识更进一步加强;第三,绿色审计加强了企业对环境信息的披露程度,一方面可以减少会计核算失真给投资人所带来的误导行为,鼓励发展环境友好和资源节约的产业,与此同时限制重污染、高耗能项目的投产,另一方面可以避免企业破坏环境的机会主义行为,因此绿色审计可以提升企业的产品结构档次、促进产业结构升级。

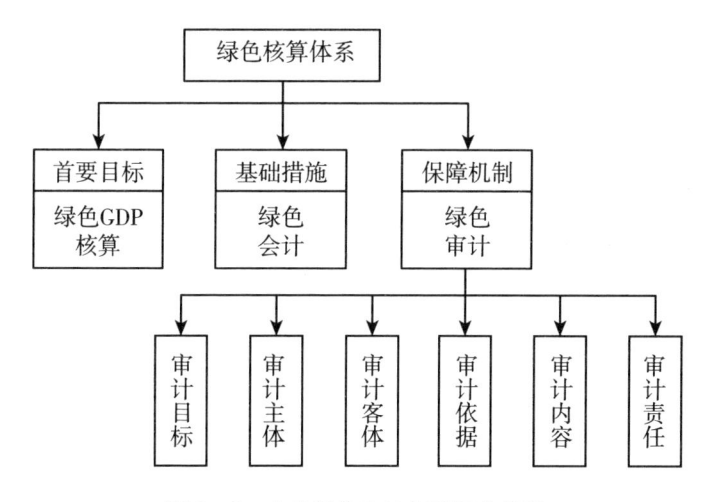

图 1-8　企业绿色审计相关概念框架

(二) 企业绿色审计概念框架基本概念的诠释

1. 绿色审计目标与原则

绿色审计目标是指审计机构以及审计人员通过审计活动需要证明被审

[①] 孙兴华,王兆蕊. 绿色会计的计量与报告研究 [J]. 会计研究,2002 (3):54—57.

企业经济活动的绿色责任是否达到了规范要求的系列目的。它是审计人员实际从事审计工作的指向。审计目标是审计实践工作中的行动指南，同样是审计行为期望达到的理想标准或状态。绿色审计致力于转变企业的经营方式，鼓励其通过履行绿色责任的方式，不断壮大企业规模；绿色审计的作用机理是，评价和改善企业环境友好型经营行为的经济性、效率性和效果性，出具有助于企业履行绿色责任的可行性审计意见，保障企业环境友好经营的高效运转。围绕绿色审计的根本和具体目标，绿色审计应坚持"揭露问题、规范经营、促进转型、提高绩效"四大原则，全面提升绿色审计的层次和水平。一是利用绿色审计查错纠弊的基本职能，判断企业在经营和发展中有无科学、合理地利用资源，有无自觉履行环保责任；二是通过监督企业的绿色责任履行情况，保障企业的环境友好型经营行为进一步规范；三是利用绿色审计价值增值的功能，促进企业生产经营方式加速转型为绿色发展模式；四是通过绿色审计加强对企业保护环境和利用资源方面的引导和建议，使环境价值成为企业的利润源泉，进而提高企业的环境绩效。

2. 审计主体

审计主体即实施绿色审计的审计机构及其工作人员。绿色审计相比传统的财务账项审计而言，由于其是多元学科的综合应用，因而对审计人员要求更高。例如，绿色审计要提出富有建设性的审计建议，因此需要审计人员深入了解生态环境、企业管理等专业知识；绿色审计的证据取证范围并非仅局限于企业的财务报告，因此审计主体必须做到多方面取证，并且运用各种环境相关技术手段全面审查。除了对审计人员的要求更高之外，绿色审计的审计主体也需要更加多元化。[1] 这是因为，对生态环境的影响来源广泛，同时保护环境也是一项需要社会各界共同努力建设的系统性工程，所以对于政府审计主体而言，国有企业由于接受了国家大量用于环境保护项目的专项资金，因而需要由政府审计主体对国有企业的绿色责任履行情况进行审计[2]；对于

---

[1] 汪翔,丁璐. 绿色审计的经济学研究：动因、现状与对策 [J]. 财会通讯, 2012 (27)：39—41.
[2] 马志娟,韦小泉. 生态文明背景下政府环境责任审计与问责路径研究 [J]. 审计的经济学研究, 2014 (6)：16—22.

民间审计主体即注册会计师审计而言，由于民间审计具有独立性强、审计人员充足、市场化程度高的优势，由注册会计师实施的绿色审计能够缓解审计资源缺乏的困境；对于企业内部审计主体而言，在企业内部对企业所面临的环境问题相关风险比外部审计主体更加全面和深刻，通过对生态环境相关风险的识别与应对，促进企业改善其绿色责任履行情况。

3. 审计客体

审计客体即受托绿色责任的行为主体。绿色审计是评价与鉴定被审计单位的经营生产活动是否达到保护以及修复环境的客观标准的审计活动，企业经营生产活动对环境的影响不仅局限于企业在环境方面投入的资金管理及利用的效率，还涵盖企业的非环境资金对环境产生影响的经营行为，例如，企业是否依据相应的环境标准制定了企业顺利履行绿色责任的规章制度、实施和措施是否有效等。因此，企业绿色审计的客体指的是企业履行绿色责任的生产经营行为，即企业所进行的生态环境保护、自然资源节约行为。审计工作审计的对象就是审计客体，如果对审计客体没有明确的认识和划分，不利于顺利实施企业的绿色审计。一般而言，企业实施绿色责任的行为主体有两层，分别是对生态环境产生积极或者消极影响的企业以及企业内部直接或者间接参与环境管理的部门与人员。一方面，由于对生态环境产生积极或者消极影响的最大社会部门是企业，同时利用自然资源最多的也是企业，企业自然成为履行其绿色责任的行为主体，也就是绿色审计的客体。另一方面，对于企业内部直接或者间接参与环境管理的部门与人员而言，他们的经济决策能够对生态环境产生影响，因此企业内部直接或者间接参与环境管理的部门与人员，特别是对企业决策存在至关重要作用的领导人员构成了绿色审计的对象。

4. 绿色审计的标准和依据

在标准方面，最高审计机关国际组织认为绿色责任标准要反映被审计单位在从事环境活动时所体现的效果性、效率性、经济性三个方面。首先，效果性标准中的"效果"是指被审计单位是否达到了保护生态环境、节约自然资源这一目的。效果性标准是企业履行绿色责任的第一标准，主要以被审计单位是否提高了生态环境质量来衡量,包括水质污染程度、空气清洁程度、绿地湿地面积等质量、数量、面积的理想指标等。其次,效率性标准中的"效率性",是指从事环境活动时,被审计单位在环境保护与资源节约方面投入与产出之间的比率关系,该比率越小代表企业基于保护环境的生产经营效率越高;为了履行好绿色责任,企业会对生产、销售、排放等各个经营环节投入相应的成本进行改良,因进行保护环境性经营变革使企业利润增长,即被审计单位在环境保护与资源节约方面的产出。最后,经济性标准中的"经济性"是指被审计单位在履行绿色责任时是否做到了节约。[1] 按照审计依据的来源划分,分为直接依据和审计依据。绿色审计的直接依据主要有环境审计准则、审计法和其他环境审计行为规范;间接依据主要包括国家可持续发展、"两型社会"、建设生态文明的战略方针以及国家颁布并执行的生态环境领域法律法规等。在绿色审计的间接依据方面,截至2016年,中国已颁布并施行了33部环境保护方面的法律,使绿色审计有法可依,48项环境保护方面行政法规,26项国务院有关部门规章与94项国家生态环境部门规章,使绿色审计有规可循,同时生态环境部科技标准司发布的环境保护标准构成了绿色审计的重要审计依据,该系列环境保护标准涵盖水环境、大气环境、土壤环境、噪声污染、核安全与电磁辐射、固体与化学品污染等九个领域。[2]

5. 绿色审计的内容

绿色审计的内容即企业绿色审计的具体审计范围以及该范围内的具体生产经营活动本身。隶属于最高审计机关国际组织的环境工作小组机构(Working Group on Environmental Audit,WGEA)在《从环境视角进行审计活动的指南》指导性文件中认为,绿色审计内容应包括合规审计、财务审计和绩效审计(INTOSAI,2001)[3],除此之外,由国际标准组织推行的企业环境

---

[1] 王恩山. 环境绩效审计的经济学研究 [D]. 中国海洋大学硕士学位论文,2005.
[2] 根据中华人民共和国生态环境部相关资料整理得出。
[3] 陈思维,王晨雁.《从环境视角进行审计活动的指南》的启示 [J]. 审计与经济研究,2003(4):28—31.

管理体系（Environmental Management System，EMS）审计也属于绿色审计内容。就目前企业绿色审计的实践情况而言，下列审计内容应该着重引起关注：第一，环境资产。由于企业对环境存在机会主义动机，可能存在对环境资产进行随意夸大或压缩的操纵行为，绿色审计应该采取资源性资产计量的方法，确保企业的环境资产的真实性。第二，环境费用。绿色审计应该对包括环境罚款在内的企业环保费用的合法性进行审计。第三，环境负债。绿色审计重点审核环境负债的计量基础、负债性质、估计清偿环境负债的现行成本金额是否考虑了预计通货膨胀、折现率等因素。[①] 第四，环境成本。绿色审计应该将企业实际成本支出与环境标准相比较，包括对回收处理固体废弃物和化学污染物的成本以及预防和治理废水、废渣和废气成本的计量，将其与参考环境标准作对比。第五，环境效绩。企业披露了包括环境绩效信息在内的社会责任报告等信息，绿色审计对报告的真实性和公允性进行鉴证，例如，企业进行环境投资项目的效益情况。

6. 审计责任

审计责任包含审计职业责任和审计法律责任，职业责任是法律责任的基础。系统而又全面的绿色审计准则有助于强化审计主体的职业责任，能够有效避免承担法律责任的后果。但是，关于绿色审计准则的相关研究成果不够深入，尚未形成系统的绿色审计理论框架，也没有一套学者和审计实务专家广泛认可的绿色审计准则，导致审计主体在开展绿色审计时约束较少、主观性较强，从这一方面来看，绿色审计的审计责任不确定性就会增加，从而加剧审计风险。[②] 正是由于与环境相关的领域存在较高的审计风险，导致审计实践工作较少，企业绿色审计的法律责任问题目前的研究尚不深入，特别是关于绿色审计失败的后果、审计失败的责任划分等问题有待研究，本书的研究不涉及这个内容。

---

① 方宇. 中国总会计师的社会责任之社会制约与鉴证：兼谈注册会计师的功能与作用 [J]. 中国总会计师，2009（9）：21.
② 袁礼. 注册会计师在环境审计中的优劣势 [J]. 合作经济与科技，2010（1）：92—93.

二、国有企业绿色审计理论框架

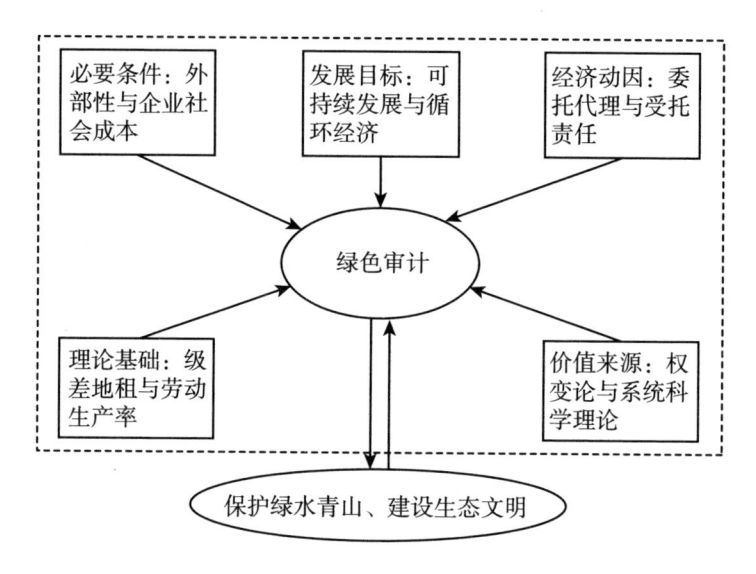

图1-9 国有企业绿色审计理论框架

图1-9显示了国企绿色审计与本章理论依据之间的关系，保护绿水青山、建设生态文明是国企绿色审计的最终目标，其以人为本的科学理念对理论框架起着统领指挥的基础作用。虽然企业保护生态环境和绿色转型与自身短期内的经济效益有所冲突，但是绿色审计是校正人与自然和谐关系的杠杆机制，通过国企绿色审计制度将保护生态环境转化为保护生产力，将改善生态环境转化为发展生产力，以达到撬动劳动生产率提高的效果。这就是习近平总书记指出的，"宁要绿水青山，不要金山银山，而且绿水青山就是金山银山"。第一，劳动生产率与级差地租理论是对国企绿色审计进行经济学分析的理论工具。通过该理论可以认为，从劳动的自然生产率角度分析，高水平的生态环境产生较高的级差地租，也就是同量劳动会生产出较多的超额剩余价值。与此同时，良好的生态环境能够削减个体劳动者因污染所引发的劳动成本，绿色发展理念下的国有企业能够给相关行业提供优质环保的原材料和产成品，通过其引领和示范效应进一步提高劳动的社会生产率。劳动的自然生产率和社会生产率共同提高的结果就是政治经济学视角下劳动生产率的综合发展，而绿色审计能够有效保障劳动生产率的可持续发展。第二，

外部性与企业社会成本理论是绿色审计的必要条件。市场无法对错误的环境行为予以纠正，这就需要由政府出面进行矫正，具体做法就是通过出台配套的环境保护法规来约束市场中的环境行为，并由审计机关进行监督。[①] 所以，绿色审计产生显然与外部负经济理论的支撑休戚相关。第三，可持续发展与循环经济理论是国企绿色发展的目标。该理论致力于协调人类社会与生态环境的关系，从而建立起一种新型的社会、政府、企业与人的关系，而建立这种新型关系的关键就在于国家审计机关能够有效监督利益各方的环境行为。第四，权变论与系统科学理论是国企绿色审计系统的价值来源。企业作为一个与自身所处环境进行互动的开放性系统，随着环境的变化对自身进行变革，而本书对国企绿色审计系统进行经济学分析，正是由于企业处于环境问题突出的权变环境之下，需要用科学与客观的评价体系对绿色责任的履行情况进行监督与评价。第五，委托代理与受托绿色责任理论是国企绿色审计的经济动因。经济责任审计为大众所知以及运用与公共受托责任观的诞生不无关系。国有企业由于其公共受托责任，在当今时代俨然成了一个复合的责任实体，具有经济责任、社会责任、绿色责任和可持续发展责任等多个维度。在这四个维度中，一般认为经济责任是国有企业负责人必须履行的责任，由此诞生了国企经济责任审计，而短期的经济效益常常与环境保护存在一定程度的冲突，因此本书以绿色审计为研究对象，实际上是根据中央和审计署关于审计"全覆盖""全过程跟踪"的政策要求，对国企进行综合性的审计。

第五节　本章小结

本章主要目的是搭建国企绿色审计经济学分析的概念框架与理论框架，为下文构建国企"三维一体"绿色审计系统奠定基础。

首先，本章分析了企业绿色责任的起源以及发展，在建设生态文明战略

[①] 马志娟，韦小泉. 生态文明背景下政府环境责任审计与问责路径研究[J]. 审计研究，2014(6)：16—22.

背景下，随着外部市场环境变化，企业的绿色责任经历了伪无视绿色责任—末端绿色责任—环境友好绿色责任三阶段相应的变化，具体表现为由末端治理发展到环境友好型生产经营战略产生生态绿色效益。通过分析得出，企业履行绿色责任的意义在于：第一，生态文明战略的时代要求企业履行绿色责任；第二，企业产生竞争优势的制胜法宝是履行绿色责任；第三，企业降低社会成本的关键路径是履行绿色责任。

其次，本章进一步解析了企业经济责任、社会责任以及绿色责任的区别和联系，表明三者内部各有侧重但是能够达到和谐统一的关系，根据本章建立的三维模型可知，企业在履行经济责任、社会责任和绿色责任时需要有审计制度作为保障才能够达到经济效益、社会效益和绿色效益的协同关系。

再次，本书梳理出国有企业绿色审计的理论依据，马克思、恩格斯思想体系是中国社会主义建设的指导思想，对中国可持续发展具有重要的指导意义；西方经济学家的经济外部性理论以及国内外学术界对绿色审计的研究对本书的研究具有重要的启发意义；国有企业绿色审计理论的发展与进步与经济责任审计理论的支撑密不可分。

最后，本章回顾了绿色审计的产生发展历程，认为绿色审计的总目标是确保绿色责任履行时的效益性，达到经济效益、社会效益和绿色效益的和谐统一，并依据马克思级差地租理论、经济外部性理论和可持续发展理论总结出国有企业绿色审计的概念框架和理论框架。本章得出以下结论：要保护绿水青山和建设生态文明，必须利用好绿色审计制度这一校正人与自然和谐关系的杠杆机制，通过国有企业绿色审计制度将保护生态环境转化为保护生产力，将改善生态环境转化为发展生产力，以达到撬动劳动生产率提高的效果。

第二章 经济新常态、新发展理念与国有企业绿色审计

当前,中国经济发展在所处的环境、施行的政策等方面与过去相比发生了翻天覆地的变化。在供给侧结构性改革时期,国有企业绿色发展就需要认识中国经济进入新常态的趋势性特征,必须要有新理念、新思路和新策略,才能够适应新常态、把握新常态并实现引领新常态的发展机遇。国有企业通过绿色技术创新、实施绿色发展战略并引入绿色审计体系加以保障,具有监督国有企业落实绿色发展要求、促进淘汰落后产能、正确反映绿色发展成效等战略意义,因此才有可能带动其他经济主体以国有企业为标杆,实施绿色发展战略。

第一节 经济新常态与新发展理念

在当前特定的经济时期,经济新常态并不是中国经济转型成功并进入理想发展状态的标志。新常态的表述,说明中国经济已进入诸多有利于经济增长的红利呈现加速度消失、经济增长硬约束变得更强、经济增长结构转变压力加大的时期。这种状态是经济发展阶段转变和改革进入新阶段使经济增长的内在动力发生转换的结果,是经济发展客观规律所导致的必然结果。中国的经济新常态,实际上是中国经济进入更加接近市场经济正常状态的表现。2014年12月,中央经济工作会议报告中就中国经济特征进行了系统的阐述,

具体从资源环境、生产要素、消费、经济风险、投资、出口、产业组织方式等方面来对中国经济新常态特征作了介绍。同时，公报还明确了中国经济今后的发展走势，明确了应该向更高水平发展的目标，要求经济增速保持在中高速状态，要坚持集约化生产和发展模式，要在调整存量的同时不断做优增量以实现经济结构优化升级，同时彻底改变过去高度依赖传统增长点的问题，积极发掘和探寻新的经济增长点。

就资源环境而言，国内传统经济增长方式造成的生态问题一直没有得到有效解决。在高度重视经济发展的时期，中国以环境牺牲成就了经济的快速增长，早在20世纪90年代末，中国每年都要因为土地荒漠化、酸雨、泥石流、大气污染等生态问题而遭受巨大损失。在水土流失、雾霾等环境问题对人类影响逐渐增大的情况下，环境承载力已濒临崩溃的边缘。新常态背景下，经济要想再上新台阶，就必然会对资源提出新要求，环境承受的压力随之增大，这两大因素对经济发展的制约作用也将日益明显。

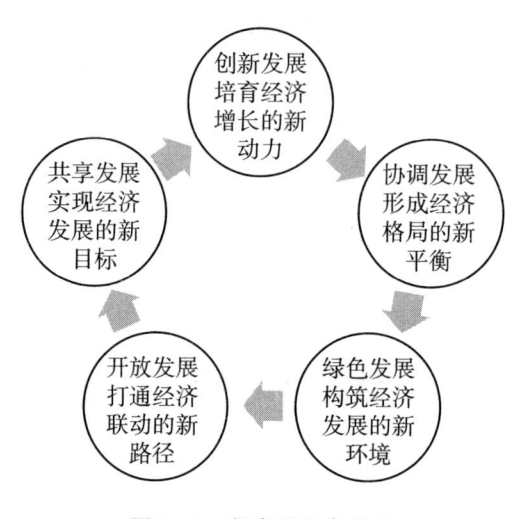

图 2-1　新发展理念关系

2015年10月，中共中央在经济新常态基础上又提出了"创新、共享、协调、开放、绿色"[①] 五大新发展理念，如图2-1所示，这一理念的提出对

[①] 杨嘉懿，李家祥．以"五大发展理念"把握、适应、引领经济发展新常态 [J]．理论月刊，2016，(04)：103—106．

于中国发展格局的变化意义重大。中国在过去的发展进程中已树立了这一理念的雏形，随着中国进入经济新常态时期的深化改革的"攻坚期和深水区"，"新发展理念"的提出对国有企业发展有了更加清晰的指导。

经济新常态、新发展理念的提出，加之环境问责制、水污染的河长制度陆续推行，推动地方政府盲目促进经济急剧发展的动力不断下滑。在很长一段时间里，中国地方政府在推动经济发展时表现出非常明显的功利性特征，政府社会功能反而被削弱，因此造成政府在推动经济发展方面的职责越位，对社会管理职能没有较好的发挥。在生态环境方面，部分地方政府盲目的开发资源，却对生态保护和修复漠不关心，环境透支的问题较为突出，部分地区的环境已经濒临崩溃。随着经济新常态理论的诞生，地方政府必须逐渐调整和平衡自己在社会管理与经济功能方面的职责定位，开始理性审视"唯GDP"论对经济和社会发展产生的负面作用，创新动力增强，环保意识大大提升。国家中心城市创新效率研究表明，政府发展理念已经从投资驱动和要素驱动转向创新驱动。政府发展理念的变化直接要求各级政府所属国有企业以绿色转型和发展为企业战略，进一步可以认为提升国企创新效率的途径主要在于绿色创新与绿色监督。

国有企业绿色发展就需要认识中国经济进入新常态的趋势性特征，必须要有新理念、新思路和新策略，才能够适应新常态、把握新常态并实现引领新常态的发展机遇。绿色发展是国有企业革命和产业技术变革的方向。在推动经济发展的过程中坚持绿色环保观，要构建新的"增长点"以将"绿色"理念落到实处。形成经济效益、生态效益和社会效益相统一的产业模式。实现从要素驱动向创新驱动的根本转变。因此，一定要以绿色发展为主导，积极创造更加优越的发展环境，以人和自然和谐共处为原则，走低碳经济、循环经济、高效经济的发展之路，充分利用资源，改善经济增长模式，提升其发展质量，达到经济绿色健康持久发展的目标。一是要形成人和自然互动双赢的格局。新环境新形势，经济的发展一定要以人和自然发展的客观规律作为前提，要对保护环境和发展经济进行辩证思考，形成生态改善和环境保护的最终目的就是提高生产力的意识。自然资源并非取之不尽，故而应该有目的地对自然资源进行优化配置，以设置环保红线的方式来推动绿色经济发展，优化产业结构增加第三产业占比，形成绿色低碳环保的新型产业结构，缓解自然环境的压力，打破过去高度依赖重工业的经济发展格局，构建绿色健康持续发展的新常态。二是努力发展低碳循环经济。要制订相应的计划，规范资源的开发利用流程，对污染物的排放问题作出严格限制。要积极研发和应用低碳技术，提高生产技术以降低环境污染，把碳排放和经济发展两者结合起来作为考虑的重点。三是厉行节约，充分利用资源。要坚持资源节约观，对资源进行充分利用，积极寻找循环利用的可能，对各种资源进行科学规划、合理利用，以高效、节能、环保为目标来保护环境、发展经济。

2015年12月，中央经济工作会议强调推进供给侧结构性改革，完成"去产能、去库存、去杠杆、降成本、补短板"五大任务是适应中国经济发展新常态的必然要求。习近平总书记在2015年度博鳌亚洲论坛上提出，中国的绿色机遇在扩大，要走绿色发展道路，让资源节约、环境友好成为主流的生产生活方式，[①] 要想实现国企改革的主要目标，绿色发展是必经之路。首先，经历了资源消耗型经济的种种弊端之后，国有企业意识到实现绿色化生产方式、发展绿色生产力也就是在增强国有经济活力；其次，国有企业走绿色发展之路符合当今绿色消费潮流，其产生的绿色效益将放大国有资本功能，提高增强国有企业的价值力、竞争力与控制力；最后，无论是新能源等新兴产业，或是传统行业进行绿色化改革，生产力都将得到极大发展，最终达到国有资产保值增值的目的。因此，国有企业作为国民经济的中流砥柱，其改革发展方向应该在新发展理念的指导下，积极适应绿色发展，把握绿色机遇，从而度过供给侧结构性改革阶段，完成"三去一降一补"五大任务。

第二节 国有企业绿色发展的经济动因分析

2015年8月，中共中央、国务院发布的国有企业改革权威文件《关于深化国有企业改革的指导意见》指出，"商业类国有企业按照市场化要求实行

---

① 罗涵. 国企要做发展绿色生产力的排头兵 [N]. 光明日报，2015-03-31（2）.

商业化运作,以增强国有经济活力、放大国有资本功能、实现国有资产保值增值为主要目标",国有企业改革本质上就是生产力和生产关系的相互作用与彼此发展。现阶段众多国有企业所面临的现实困境是高耗能、低效率带来的后果。根据资本市场公开资料显示,沪深两市央企控股上市公司有286户,2015年亏损面覆盖多个严重产能过剩的行业,[①] 其中中国海洋石油公司公布2016年上半年业绩,公司净亏损人民币77.4亿元。现阶段阻碍国有企业改革与发展的原因主要有:第一是以钢铁、煤炭等为代表的行业产能过剩;第二是以房地产为代表的库存过多;第三是金融杠杆导致国企债务风险高;第四是用工成本及税负引发的成本居高不下;第五是绿色发展方式仍在探索,属于大多数国有企业的短板。实际上,造成上述阻碍原因的症结源于企业天然存在对超额利润的追求驱动,具体表现为在粗犷发展模式下经济效益侵占社会效益、绿色效益,因此导致行业产能过剩、金融杠杆过高等表层原因。

要解决阻碍国企改革与发展的困境,需要分析国有企业绿色转型发展的经济动因。依据马克思政治经济学理论分析,促进国有企业走上绿色发展道路的经济动因有两方面,其一是绿色发展能够提高劳动生产率,其二是优化级差地租所产生的经济利润。

一方面,国有企业过去凭借增加投入生产要素的发展方式已经不再符合企业可持续发展的要求,虽然扩张劳动场所、增加劳动力和生产设备在一定程度上加快了经济效益增长的速度,然而在经济新常态背景下国有企业产能过剩问题严峻。因此,现阶段国企改革与发展需要的是生产要素质量而非数量的提升,对资源的高效开发利用才能进一步提高国有企业的劳动生产率。在新发展理念的指导下,国有企业提升生产要素质量、提高资源利用效率的重要途径就是绿色发展。绿色发展观念所倡导的绿色生产,不再是进行污染废弃物的末端治理,而是考虑了低碳、循环的环境友好型生产,通过将环境成本内部化的方式提高劳动生产率,进而促进国有企业经济效益的可持续增长。

---

① 中国新闻网. 国资委回应"央企成年报亏损重灾区":主要在过剩行业[EB/OL]. [2016-08-15]. 2016-03-12, http://www.chinanews.com/gn/2016/03-12/7794662.shtml.

另一方面，地租这一概念源于土地所有者凭借其对土地的所有权从而向土地使用者收取的租金，马克思的级差地租理论认为由于土地的肥沃程度和产量高低的不同，土地所有者因此收取不同的地租，该地租证明了土地具有价值；生态环境与自然资源作为特殊的商品与土地的性质十分相似，通过对马克思关于级差地租理论的研究，生态环境与自然资源优劣程度不同也能产生不同的价值。此外，以国有企业、政府机构、审计机关为代表的社会各部门，在对资源环境进行开发、利用、保护、治理和监督过程中投入的劳动消耗以及所耗费的社会必要劳动时间进一步构成了资源环境的内在价值。

因此，国有企业利用环境友好型的生产经营策略对资源环境进行管理，实施绿色发展的战略实质上促进了企业自身价值实现增值。而价值的来源是通过企业在处理自身经济效益、社会效益和环境效益三者之间关系时，在新发展理念的指导下进行绿色转型发展的结果。

第三节　国有企业绿色发展的引领作用

一、促进绿色经济发展理念的进一步形成

首先，国有企业通过积极培育和发展新兴绿色产业促进国家发展绿色经济，积极配合政府的相关环境经济政策，进一步推进产业部门"绿色化"以及技术创新，大力推广循环经济，增加清洁能源的使用，优化产业结构，提高技术水平。国有企业不仅要实现传统产业的"绿色升级"，还应大力发展新型绿色产业，让各个行业都能用到更多的可再生能源和环保材料，以此来促进新兴绿色产业的发展，尽快实现环境经济的转型，尤其是在新一轮全球经济发展的大环境下，把握"绿色机遇"促进宏观绿色经济发展。

其次，国有企业应尽快实现绿色经济管理体系的完善，成为带动民营企业发展的表率，以此来推动中国经济的绿色发展。为了进一步加快中国绿色经济体系的建设进程，国有企业率先建立起有效的环境管理系统，在社会责任报告中披露环境事项。一是在企业内部制定环境管理政策、采用 ISO14000

系列标准等绿色认证,通过企业内部控制将企业的环境成本内部化;二是积极探索绿色核算体系并向社会公众公开,建立了绿色经济的核算、评价和审计机制,为更好推动绿色发展提供有效支持。

最后,国有企业应在建设公众绿色消费市场过程中主动担任起重要角色。在社会主义市场经济背景下,可持续生产体系与可持续消费体系是市场供求关系稳定的基石。中国在最近几十年的飞速发展中,国民生活水平得到了很大提升,人民的消费水平大幅度提高,此时国有企业必须要成为绿色消费和可持续消费的倡导者,以绿色生产为起点向市场提供环境友好型产品,以绿色销售为市场切入点和推动力量,引导公众自觉选择资源节约型、环境友好型的消费模式,从而形成公众的绿色消费观念。

二、引导行业研发绿色技术

绿色技术即有利于保护生态环境、有效开发利用自然资源的各类科学技术,按照社会经济受到绿色技术的影响程度来划分,主要有以下三个层次:首先,污染防治技术,即传统意义上的末端污染管理技术,有废物、废气、废水的净化技术等;其次,环境友好技术,即在各个环节中(消费、流通、生产等)能源利用率的提升、污染物排放的减少等技术,有再生技术、资源综合利用技术等;最后,生态保护技术,即改善生态环境、提高生态服务功能、确保生态平衡的相关技术,有生物多样性保护技术、生态修复技术等。

国有企业必须要达到绿色经济发展的基本要求,绿色技术是其物质支撑。绿色技术并非仅是单一的技术,它有利于各个领域技术的整合,如再生材料技术、污染治理技术、再生能源技术、清洁生产技术、资源回收技术等技术的整合,因此加快建立绿色技术创新体系,会带动各行各业研究开发绿色技术。大力研发绿色技术,不但能够有效提升劳动生产率,还能为社会创造更多的价值,更为重要的是通过使用先进的绿色技术能够促进绿色技术成为引领下一次技术和产业革命的引擎。在经济新常态背景下,国有企业是大力发展绿色经济的先驱者,尤其是在新型汽车、新型能源等领域,已经确立了中国的领先地位。因此,国有企业应该进一步实践绿色发展理念,加大绿色技术研发力度,建立起绿色技术的创新体系,使行业走上可持续的绿色发展之路。

第四节　国有企业绿色审计的战略价值

一、经济新常态背景下国有企业的重要地位和作用

《关于深化国有企业改革的指导意见》中明确表示，在维护人民切身利益，实现国家现代化，巩固党的领导地位上，国有企业作出了杰出的贡献；不仅如此，作为社会主义公有制经济不可或缺的一部分，国有企业还是实现民族伟大复兴的中坚力量。

不可否认，中国经济之所以能取得如今傲人的成绩，与中国实施了经济体制改革不无关系，但是公有制经济的主体地位依然是不可撼动的，特别是国有企业的地位。以竞争的角度来分析，非公有制经济无论是在技术、经营和治理模式上都稍逊于公有制经济，这也是其参与市场竞争的软肋。据有关资料显示，中国一共有15万家国有企业，员工规模高达3000多万人，资产多达100多万亿元，如此庞大的实力足以证明其对国家经济发展作出的贡献之大。[1] 就影响力方面分析，中国国防安全、国家工业、社会民生等领域均能看到国有企业的身影，尤其是社会服务、民生保障、公共产品和服务领域，更是国有企业和公益性国有企业致力于发展的领域。不仅如此，在消除"城乡二元化"现象、优化国家生产力布局方面，国有企业也功不可没。以中国"三线建设"为例，国有企业不但凭借自己的强大的力量实现了区域间的平等发展，也就此彻底改变了中国工业格局，而且目前通过鼓励和帮扶新疆、西藏等民族和地区，实现了民族间的平等发展和区域间的均等化。在国家的指导下，个别规模较大的国有企业通过提供技术、管理等方面的帮助，为私营经济、集体经济以及个体经济的发展，以及实现"四化"创造了良好的氛围。可以说，国有企业对于实现中国经济、政治、文化的跨越式发展起到了

---

[1] 余发良. 试析国有企业在社会主义建设中的地位和作用［J］. 改革与开放，2015（23）：121—123.

不可或缺的经济引擎作用。

二、国有企业是生态文明建设的重要保证

第一，国有企业在推进绿色产业发展，实现产业结构优化方面起到了至关重要的作用。自20世纪80年代至今，中国传统产业迸发出了前所未有的活力，玻璃、煤炭、钢铁企业遍地开花，国有企业可以通过走产业结构优化的路线迅速转型为绿色产业。第二，国有企业在升级和革新传统产业方面愿意提供科技支持，这在很大程度上解决了环境友好型社会建设科技力量短缺的问题。第三，国有企业能够在企业绩效考评体系变更与创新方面起到表率作用，这能够帮助中国大部分企业正确认识成本与收益之间的关系，并找到一条突破粗放型经营格局的路子，一旦国有企业在环境、自然资源的保护上有所投入，其他企业也会纷纷效仿。第四，要树立榜样，带领非公有制企业加大建设生态文明的力度。生态文明建设任重道远，很少有企业会主动参与其中。国有企业是国家的资产，国家资产为人民所有，故而国有企业肩负着发展国家，推进生态文明建设的重任。在中国大力发展经济的背景下，国有企业应该做好表率作用，认真梳理生态效益与经济效益之间的关系，不但应在事关国家、社会、人民利益的领域做贡献，还要自觉履行，或是督促其他企业履行社会责任，尤其是环保责任，这样才能加快生态文明建设的步伐。

三、国有企业绿色发展责任的内涵和外延

关于国有企业绿色发展责任的概念，即国有企业在不影响后代人对自然资源需求以及环境承载能力的前提下，本着"经济原则"和"自然原则"，结合自然主体伦理价值，通过采取某些措施，协调好社会、经济两者的发展关系，同时要为自己使用了某项资源而带来的后果主动承担相应的责任，尤其是保护环境方面的责任。如上文所述，中国经济能取得如今傲人的成绩，与国有企业经营管理密不可分，其存在满足了中国社会各阶层、各行业对于生产资料、生活资料以及精神与物质财富的需求。然而，使用物质资源是每一个企业发展壮大的必由之路，随着时间的推移，资源越来越少，环境也因为企业使用资源后排放了污染物而遭到破坏，于是一个接一个的外部性问题

便应运而生了。所以，必须找到一种促使企业自觉履行绿色发展义务的路径。对于大部分企业而言，绿色责任也属于社会责任的内容之一，企业只有自觉履行这一义务，才能实现人与自然的和谐发展。绿色发展，重心在于发展，而发展的方式必须是"绿色的"，这样才不至于在积累财富的同时对环境造成太大的影响，同时还能将资源用于该用的地方。因此，要求企业承担绿色发展责任才是协调经济发展与自然关系的必由之路。

国有企业的绿色发展之路是一项系统工程，绿色发展责任的外延也正是这项系统工程的四大组成部分，即经济责任、绿色责任、社会责任以及企业可持续发展责任。国有企业在承担自己的绿色发展责任时，应该将经济责任、绿色责任、社会责任以及企业可持续发展责任融入发展规划、方案、体系，同时在"新发展理念"的指导下积极探索绿色发展的新途径。

四、国有企业绿色审计的重要战略意义

国有企业绿色审计通过对企业履行绿色发展责任情况的综合评价，并以之为依据，要求企业通过调整自己的行为，达到节能减排要求，协调经济发展与自然的关系，这一举措与中国建设生态文明的初衷不谋而合。加大对国有企业的绿色审计力度，不仅有利于控制和降低企业能耗，促进自然资源有效利用与生态环境保护，还能协调经济、环境、社会三者的关系，促进了生态文明建设。具体而言，国有企业绿色审计的战略意义有如下四项。

（一）监督国有企业落实绿色发展要求

目前，中国政府已经出台了一揽子用于建设节约、文明、环保社会的环境保护法规、方针与政策。但是这些法规、方针和政策的执行与落实情况却不尽如人意，不少企业为了谋取更多利益而不惜以牺牲环境和资源为代价，这些都是因为相关机构和部门监督不力所导致的。针对这种情形，唯有加大监督力度，对企业的经济活动和行为进行全方位的审计，才能清楚地揭示其履行绿色责任的实际情况，也只有这样，才能在企业未履行环保义务、违反了法律法规与政策时及时对其经济活动和行为进行调整，使之朝着合法合规的方向发展。在中国贯彻与落实环境保护法规和政策的过程中，绿色审计活

动起到了至关重要的作用,也是实现中国生态文明建设的必由之路。进行绿色审计,一方面可以对国有企业有违环保法律法规、政策与方针的行为进行调整和限制,另一方面能帮助国有企业树立自觉履行绿色责任的意识。通过全方面的监督检查与审计,能够从根源上找到国有企业履行绿色责任以及其他方面的问题,这无论是对于企业自身的健康发展还是环境的保护都是意义重大的。总而言之,国有企业能否自觉履行绿色责任与绿色审计制度的完善与否休戚相关。

(二) 促进淘汰落后产能和提高企业竞争力

实施国有企业绿色审计,客观、全面地评估企业的绿色和经济责任,能够构建一个企业盈利和环境保护"双赢"的局面。一方面,国有企业主管部门利用绿色审计评价结果可以摸清企业的真实家底,确定企业是否属于应该淘汰或者升级的落后产能;另一方面,"绿色技术"和"绿色企业"也将随着绿色投资、绿色消费、绿色信贷等产业的发展而呈现出一派遍地开花之势,给企业带来了很大的经济效益,同时又提高了社会总体效益。具体而言,通过绿色审计能够促进绿色化升级其制造过程,生产绿色产品进而打破"绿色壁垒"。现阶段,中国银行集体对"高能耗、低产出"的行业持"惜贷"态度,相反,主动履行绿色责任且通过环境评估的企业则能顺利申请到贷款。从贷款方面考虑,实施国有企业绿色审计,不但能督促其按要求定期披露环境信息,还能使他们意识到保护和治理环境的重要性。在绿色审计环境下,当国有企业被拦在贷款门外,他们就会反思自己的利用资源,以及对待环境的方式,并通过主动革新生产技术的方式达到绿色审计对环境信息的要求,在这个过程中,国有企业既有所进步,也对环保作出了贡献。

(三) 正确反映绿色发展成效

按照绿色发展理念的要求,我们应尽量减少经济发展过程中的资源消耗,尽最大努力提高资源利用率,要做到用最少的资源获取最大的价值,不但要保证人类社会经济水平的稳定提升,还要确保对生态环境的损害降至最低。对于国有企业的绿色审计而言,其核心宗旨是保护环境资源,这种观念将有利于国民经济核算体系中绿色发展成果的客观反映,也能够让其在会计核算中得到真实反映。进行国有企业绿色审计，不但能够更加准确地计量环境功能价值、环境效益以及环境成本等信息的变动，还能够进一步对环境价值进行度量，能够正确地反映当下环境保护和资源利用等方面出现的不足之处，为日后的绿色发展提供科学的理论依据，让全社会能够意识到倡导绿色发展理念的重要性，从而有助于对环境的保护和对资源的节约，让社会经济水平得到提升的同时，还让生态文明建设的进程得到进一步推进。

（四）完善生态文明建设的相关政策

在推进生态文明建设的过程中，政府所扮演的角色是举足轻重的，它不仅要制定相关政策，还要提供宏观方面的综合管理，是整个生态文明建设事业的"总设计师"。要想进一步推动生态文明建设事业的发展，政府方面要结合各个领域进行法律法规和政策的制定。对于国有企业而言，绿色审计主要是用来准确评估国有企业发展过程中对资源环境影响程度的大小，严格对照行业标准和国家法律法规来进行检查，这样不仅能够为政府提供更加准确的真实数据，暴露生态文明建设过程中存在的不足之处，再制定出针对性对策；另外，还能够及时发展当前法律法规以及政策标准的不合理之处，审计部门根据这些问题向立法部门提出具体的优化方案，进一步完善生态文明建设的整体战略。

第五节 本章小结

本章属于国有企业绿色审计经济学分析的主体内容。首先，本章阐述了在经济发展的环境、条件和要求等都发生新变化的背景下，只有新理念、新思路和新策略才能够适应新常态、把握新常态并实现引领新常态的发展机遇。其次，本章分析了国有企业改革与绿色发展离不开"创新、协调、绿色、开放、共享"的"五位一体"发展观念的指引，并依据马克思政治经济学理论分析企业进行绿色转型与发展战略的经济动因。经分析其经济动因在于两方面：其一，绿色发展能够提高劳动生产率；其二，优化级差地租所产生的经济利润。此外，本章认为国有企业作为中国经济发展的重要引擎，其绿色发展对于其他所有制企业而言存在两方面的引领作用：第一，促进绿色经济发展的理念进一步形成，国有企业通过积极培育和发展新兴绿色产业促进国家发展绿色经济，积极配合政府的相关环境经济政策，进一步推进产业部门"绿色化"以及技术创新，大力推广循环经济，增多清洁能源的使用，优化产业结构，提高技术水平；第二，国有企业通过实践绿色发展理念，加大绿色技术研发力度，建立起绿色技术的创新体系，能够促进国有企业所在行业走上可持续的绿色发展之路。最后，本章分析得出国有企业绿色审计这一制度安排的战略意义，在于通过对国有企业的绿色审计促进中国市场经济的国有资本主体推行绿色发展战略，并带动其他经济主体以国有企业为标杆，实施绿色发展战略。

第三章
国有企业"三维一体"绿色审计系统与评价指标体系的构建

基于前述的框架分析，企业生产、销售和排放三个环节最容易产生环境污染问题，即这三个环节产生了大量的负外部性；与此同时，国有企业负担着多重公共受托责任，其中短期的经济效益常常与环境保护存在一定程度的冲突，根据中央和审计署关于审计"全覆盖""全过程跟踪"的政策要求需要对国有企业进行综合性的审计，即对经济责任、绿色责任、社会责任和可持续发展责任的监督。因此，本章设计国有企业"三维一体"绿色审计综合框架系统，需要与国有企业内部生产经营、环境管理系统联系起来，国有企业"三维一体"绿色审计目的是监督国有企业在生产、销售、排放等环节中保护好自然资源和生态环境外部系统，并保障国有企业履行上述四个维度的责任，最终达到促进企业经济效益、绿色效益和社会效益的协同。

第一节 国有企业绿色审计总体框架

国有企业绿色审计是由审计主体依据国家法律法规对被审计单位的绿色生产、绿色销售以及绿色排放等生产经营环节而进行的一项审计活动。近年来，中国经济迸发出了前所未有的发展活力，但是经济增长模式仍然以资源消耗为主，不仅如此，中国开发和利用清洁能源的水平也有待提高，加之绿色发展还是一个新生概念，缺乏配套的扶持和约束政策，为保障和支持绿色发展模式，应该针对当前的情况，探索具有中国特色监督国有企业实施绿色战略的绿色审计模式。正如本书第一章与第二章的分析，绿色审计是资源环境审计、经济责任审计在生态文明建设大背景下的结合，因此，绿色审计框架的构建可以借鉴自然资源审计与经济责任审计框架。总体而言，绿色审计的总体框架研究路线是：以政治经济学的级差地租与劳动生产率理论为理论基础，借助制度经济学的分析工具，构建概念框架和理论框架，继而研究绿色审计总体框架。审计主体采用符合绿色要求的审计方法和设计程序，按照法律法规政策的审计标准，客观地评估被审计单位履行绿色责任的情况，并向资源环境利益相关者公布审计结果。

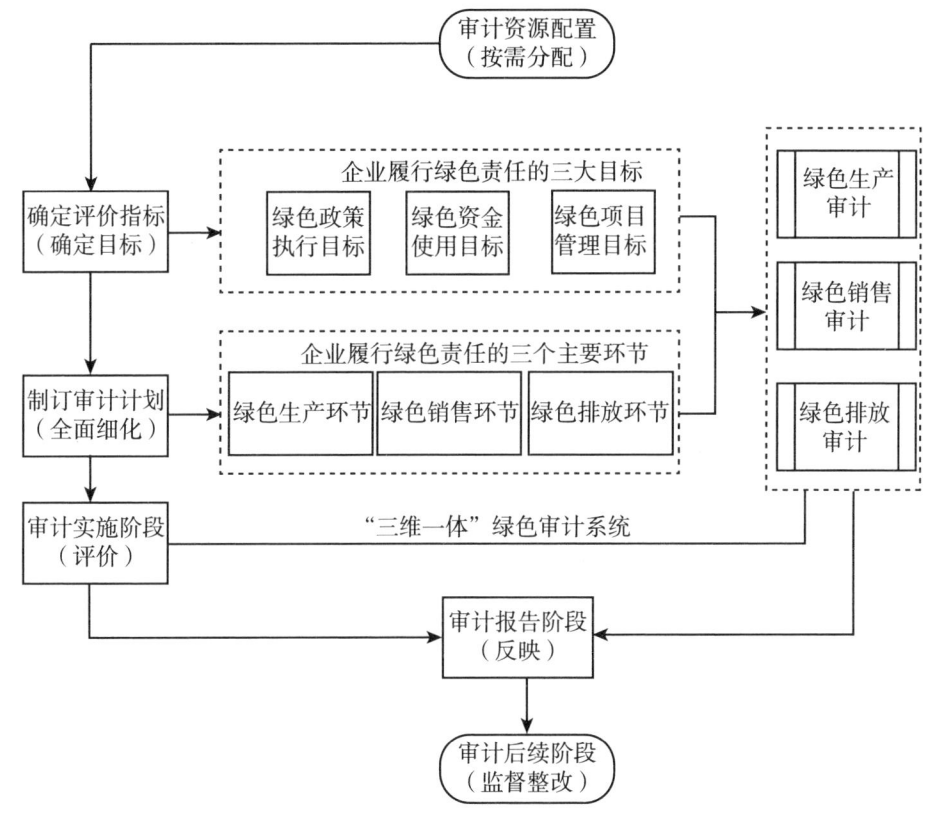

图 3-1 国有企业绿色审计总体框架

一般制造企业绿色供应链构建策略要求在传统供应链管理的基础上融入合理利用自然资源以及保护生态环境观念，将供应链系统细分为若干子系统，包括物流系统、采购系统、制造系统、消费系统、销售系统、回收系统，同时通过有目的地升级和革新这些子系统，实现企业环境管理水平的提升，以及企业环境管理与供应链的结合。[①] 此外，根据刘文辉（2009）[②] 的研究成果以及本书于第一章提出的三维模型，本书认为基于绿色供应链体系，国有企业履行好绿色责任的三大主要环节在于生产、销售以及排放。

企业应将环境问题作为第一要素来对待，利用审计的监督与保障职能促使企业与社会的持续发展成为可能。企业绿色供应链条能够实现经济效益和环境效益双重目的，进而有更丰富的内容和更深刻的内涵。环境管理系统将整个生产过程作为一个整体，通过在每一个生产环节节约一定的资源和能源来达到节能的目的，同时通过落实各生产环节的环境管理工作来完成社会责任、绿色责任的履行。然而，实践证明，企业仅通过绿色供应链和环境管理系统的结合仍旧难以与外部系统产生可持续的循环经济，因此需要审计制度作为企业与社会实现持续发展的支撑系统。

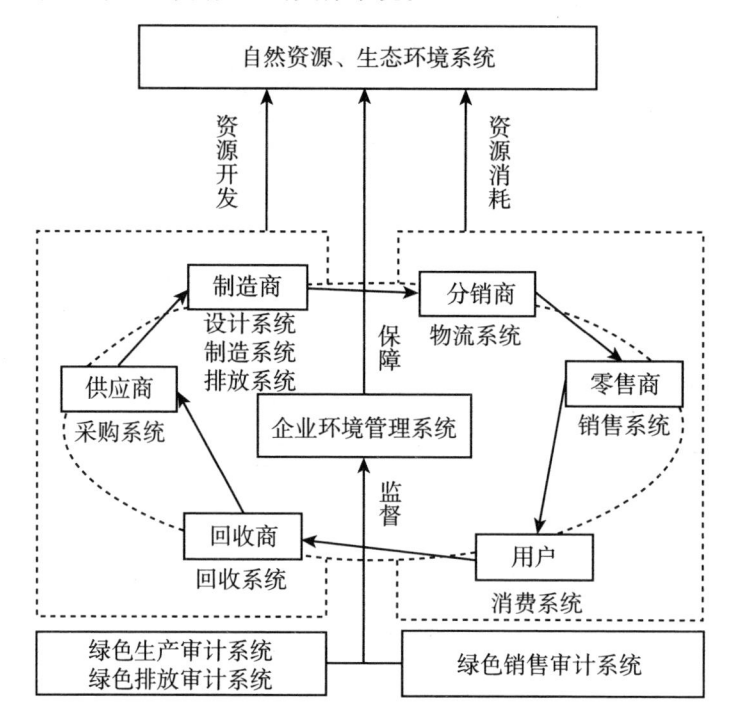

图 3-2　三大审计子系统关系图

---

① 张琦伟. 制造型企业绿色供应链管理研究 [D]. 四川大学硕士学位论文，2005.
② 刘文辉. 企业绿色经营创新研究 [D]. 中国海洋大学硕士学位论文，2009.

三大审计子系统与企业供应链、企业环境管理系统以及自然资源、生态环境等系统的关系如图3-2所示。首先，绿色生产审计和排放审计两大子系统直接监督企业供应链系统中的供应商、制造商和回收商模块，对企业整体的绿色采购、设计、制造、回收和排放系统的有效运行起保障作用。具体而言，绿色生产审计子系统能够促进企业在源头采用环境友好的绿色生产模式，实施集约化生产，提高资源、能源利用效率，使有限的自然资源得到最大限度的充分、合理利用。绿色排放审计子系统则通过对企业排放物排放的内容、成分、数量进行监测和鉴证，以此监督企业的绿色供应链和环境管理系统。其次，绿色销售审计子系统则在企业销售过程中，促使企业必须要保证自己所销售的产品是优质、安全、绿色的，进而赢得分销商、渠道商等下游企业和消费者的青睐，从而获得超出传统产品的超额销售利润。总体而言，三大子系统虽然各有所重并各司其职，但其构成的总体框架系统作为一种综合、全面的审计制度，能够成为企业、社会与自然环境三者实现持续发展的支撑系统。

第二节 国有企业绿色审计"三维一体"子系统

一、国有企业绿色生产审计子系统

生产环节位于国有企业整条供应链的源头，绿色生产责任是否履行完善将直接影响企业的绿色排放责任，也会影响到位于供应链中下游的销售环节的绿色责任履行状况，因此有必要对绿色生产责任加以审计，以保障国有企业从供应链源头履行好绿色责任。实施国有企业绿色生产审计能够倡导绿色生产模式，实施集约化生产，提高资源、能源利用效率，使有限的自然资源得到最大限度的充分、合理利用。本节首先以国有企业绿色生产体系为切入点介绍绿色生产审计的内容，随后构建国有企业绿色生产审计体系并介绍其流程与要求。

企业进行绿色生产是将环境保护规范持续地应用于生产过程中，以增加自然资源利用效率和减少生态环境破坏的行为。研究国有企业绿色生产审计首先需要对绿色生产进行较为全面的梳理，目的是确认审计范围。国有企业绿色生产的责任内容如表3-1所示，该表根据ISO14000环境系列标准编制。

表3-1 国有企业绿色生产环节与责任

绿色生产环节名称	国有企业绿色生产责任
绿色设计	选择无污染的代替品
绿色材料	选择无毒无害无污染的原材料以及清洁的能源
绿色供应	选择绿色供应商以及绿色物流
绿色制造	实施清洁生产、产品生命周期全过程控制以及生产全过程控制
绿色包装	遵守3R1D绿色包装原则
绿色回收与处理	回收利用、循环再用和报废处理

产品绿色设计的宗旨就是在设计产品生产流程和生产周期时，以环境资源作为主要设计要素，将产品与资源、环境的关系作为设计首要考虑的问题，并将如何协调三者的关系作为产品设计的总目标，在不影响产品质量、功能、成本、开发周期的前提下，达到环境目标，通过对所有设计要素进行优化，将产品整个生产过程所消耗的资源和对环境造成的破坏降至最低。相关资料显示，设计阶段决定了产品性能的70%—80%，剩余部分才是产品本身，[1]从环境保护的角度来说，对产品进行绿色设计是每一个生产者的责任。生产者在进行生产设计时必须严格遵循减量化（reducing）、再循环（recycling）、再使用（reusing）以及可降解（degradable）的原则，系统地分析产品在不同生命周期（如制造阶段、销售阶段、使用阶段、回收再利用阶段）的耐用性、再制造性、再使用性、再循环性、能耗性，从而评估产品生产会对环境造成怎样的影响，并根据评估结果，以循环经济理论为指导，找到延长产品生命周期的方式，确保其生命周期覆盖产品使用结束后的回收再利用环节，这样才能保证产品在整个生命周期内对环境的影响最小。

---

[1] 董霞. 企业环境责任及其供应链推广 [D]. 中国海洋大学硕士学位论文，2009.

绿色设计的落脚点是绿色材料。一切产品都是由原材料加工、制造而得，要实现产品生产全过程的可持续性，就要确保原材料是经济、环保的。仔细分析产品循环生命周期不难发现，在整个循环过程中，材料需消耗许多能量才能被加工成为产品，这个过程难免会对环境造成影响，所以生产者在开采、生产、加工、制造、处理原材料的过程中，要尽量采用低能耗、低污染、绿色的原材料。总之，绿色材料归根结底就是一种对环境友好、低噪声、低能耗、高产出、安全、先进、清洁、优质，能够达到现代工程学要求（如可维修性、可靠性）的材料。所以，绿色材料便是生产者能否生产出绿色产品的关键，在挑选绿色材料时，应该以材料的可靠性、可制造性、可维修性等工程性质以及环保因素作为重要的选材依据，同时要保证这些材料经加工、制造后不会对环境造成太大的影响，然后再采用产品全生命周期分析法，在不影响产品质量、价值的前提下，控制材料种类，多采用可降解、可反复使用、可替代、清洁、易处理、可再生的绿色材料，同时通过简化处理，实现材料利用价值的最大化，有效控制废物量，这样才能生产出兼具优良功能和环保性质的产品。

材料供应商根据制造商生产产品的需求，将原材料供应给制造商的过程就称之为供应过程。制造商能否生产出环境友好型的产品，与供应过程的绿色性休戚相关。这具体体现在供货方和供货物流两个方面：其一，绿色供应商应成为制造商的首选。原材料的柔性、价格、质量、种类、绿色性是生产商选择供应商时应该优先考虑的问题，选择绿色供应商进行合作，才能够保证产品在生产时不会产生有毒污染物，这也是产品顺利通过 ISO14000 标准认证的前提条件。其二，选择绿色物流。生产商应该客观地评估物流运输、卸载、搬运、管理、包装等环节对环境造成的破坏程度。评估指标包括：（1）交通运输工具所使用的燃料、释放的噪音、排放的气体是否达到环境保护指标。（2）当地环境是否因为货物抵达以及保管而受到影响。（3）搬运货物是否产生噪声，商品实体因搬运失误损坏时，是否会释放出影响周围环境的气体、液体等有害物质。（4）包装货物的材料是否达到了环保标准，如有无采用无毒材料、可再生资源、易降解材料。一个集资源消耗最低、对环境友好、配送集中、路径规划合理等特征于一体的运输才称得上是真正意义的绿色物流。

绿色制造就是以绿色设计为蓝本生产绿色产品的过程，也叫做清洁生产。绿色制造的宗旨就是生产出环境友好型的产品，这类产品无论是生产还是其自身都不会对人类健康与环境造成太大的影响，其在生产的过程中采用了绿色、环保的原材料，按照绿色生产设计蓝图，引入当代成熟的生产设备、工艺和技术，有效控制了生产全过程的能源消耗，并配以科学的管理手段和模式，不断调整生产目标，控制产品生产的污染排放量。与普通的制造方式相比，绿色制造在节能方面的表现格外优异，而且在生产时格外注意各生产环节的污染物排放量和能源消耗量，通过科学的手段、设备、工艺和理念，确保原材料转化为零件、零件转化为产品的过程中只产生少量的污染，并配以先进的工艺路线和方案，实现了低能耗、高产出、低污染的理想生产效果。

绿色制造主要是基于生产的全过程控制以及产品的生命周期全过程控制实现的。其中，前者主要指对产品设计、开发、规划、建设、生产、管理、投入使用等环节的控制，通过控制生产出环境友好型、优质的产品。后者主要指通过对原材料供应、加工、提炼、处理等环节的控制，从源头上降低产品的生产能耗和污染，实现产品生产环境效益、经济效益、社会效益的统一。

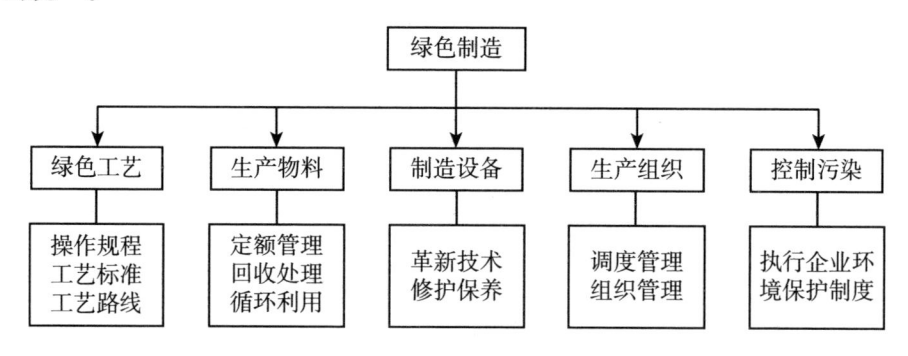

图 3-3 绿色制造内容

构建绿色生产审计体系的目的是研究如何科学、系统地开展国有企业绿色生产审计。生产环节位于国有企业经营管理整条供应链的源头，绿色生产责任是否履行完善将直接影响企业的绿色排放责任，也会影响到位于供应链中下游的销售环节的绿色责任履行状况，因此有必要首先从生产环节根据表3-2开始实施绿色审计，以保障国有企业从供应链源头履行好绿色责任。实施国企绿色生产审计能够倡导绿色生产模式，实施集约化生产，提高资源、能源利用效率，使有限的自然资源得到最大限度的合理利用。

表3-2 企业情况摸排

分类名称	重点摸排类型	重点摸排事项
企业基本情况	被审计单位的相关法律政策	（1）结合被审计单位所处的行业背景，对适用于其发展的法律法规进行解读和了解
		（2）与企业生产、经营管理有关的绿色生产标准、环境保护法规政策
		（3）被审计单位的发展随国家税收、财政、信贷投资、绿色生产基金、贸易等政策的变化发生了何种变化
	被审计单位的行业状况	（1）是否引入了新的产品生产工艺、技术、设备
		（2）在审计实践中，审计人员重点审计的控制测试点、风险点应该因被审计单位所处行业及面临的环境保护问题而异
		（3）行业统计数据和关键指标
		（4）能源供应与成本
	被审计单位生产经营过程	（1）生产过程中的能源消耗情况、能源消耗类型以及污染物排放量情况
		（2）产品生产所使用的原材料的属性（如毒性、成分、来源、能耗）以及利用率
		（3）主要产品以及生产过程中的其余产物
		（4）回收、处理和二次利用废旧产品与废弃品的情况
		（5）处理废弃物包装和废弃物的情况
	生产工艺和技术水平	（1）企业用于生产产品、处理废弃物、污染物的设备
		（2）企业采用的生产工艺、流程
		（3）企业负责处理污染物的人员从业情况
		（4）企业是否按照法律法规与政策规定，自觉放弃使用高能耗、高污染、低产出的原材料、设备以及技术

续表

分类名称	重点摸排类型	重点摸排事项
企业相关的风险	内部风险	(1) 企业制定的绿色生产制度和内部控制制度 (2) 企业的生产技术、工艺、设备的环保性、效益性，工作人员的综合能力
	外部风险	(1) 如果企业采用的生产原材料、工艺、设备、技术是法律法规和政策所禁止的，或是采用了不当的废弃物处理方式，那么企业就可能会面临政府的制裁，以及高额的罚款 (2) 环境保护法规越来越完善、限制越来越多
其他相关情况	绿色生产内部控制变化	(1) 业务流程的更新 (2) 业务流程的增加 (3) 内部控制执行人员的变更
	往年审计发现	(1) 改进程度及其对本期审计意见的影响程度 (2) 对企业是否按照审计主体给出的审计意见做了查缺补漏进行审查 (3) 若企业未根据前期审计意见对内部控制情况进行改良，审计人员在本期审计报告中需将此情况如实描述与评估

通常而言，企业需要从技术工艺、原辅材料、企业管理、设备及员工管理这几个方面来实现绿色生产。就当前的情况来看，中国有能力实施绿色生产的企业还比较少，加之缺乏配套技术作为支撑，故而绿色生产的普及依旧任重道远。国有企业虽有能力实施绿色生产，但代价就是要承担复杂的绿色生产风险，同时还面临一个随时可能漏洞百出的内部控制制度。本书认为，这些都是需要加大审计力度的地方。因此，在实施绿色生产审计的过程中，审计人员除了要对审计单位的内部控制体制进行审计，还应该厘清内部控制与绿色生产之间的关系。本书基于风险导向审计模式将绿色生产审计流程细分为了"接受委托—计划—实施—控制缺陷评价—报告"五个阶段，如图3-4所示。

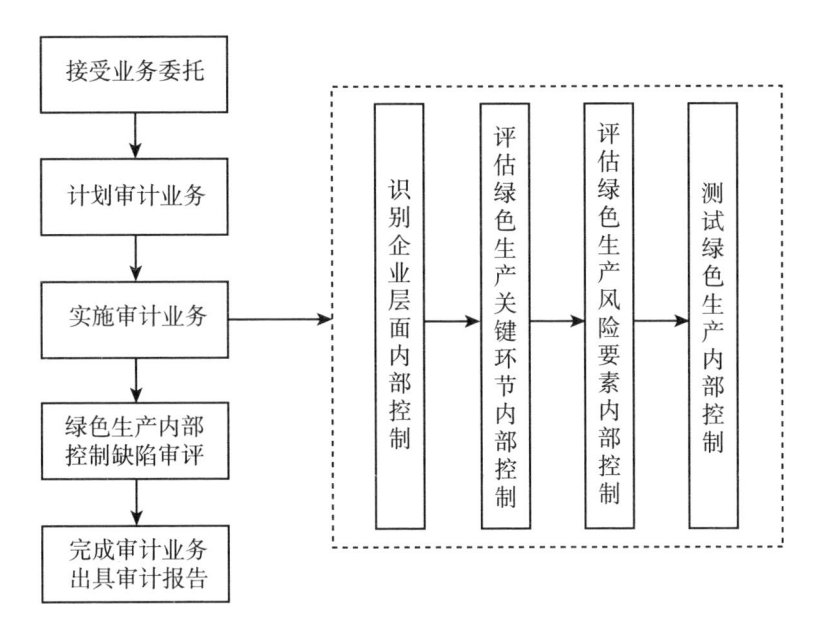

第三章 国有企业"三维一体"绿色审计系统与评价指标体系的构建

```
┌──────────┐
│接受业务委托│
└────┬─────┘
     │
┌────▼─────┐      ┌ ─ ─ ─ ─ ─ ─ ─ ─ ─ ─ ─ ─ ─ ─ ─ ─ ─ ─ ─ ─ ┐
│计划审计业务│       ┌────┐ ┌────┐ ┌────┐ ┌────┐
└────┬─────┘      │识别│ │评估│ │评估│ │测试│
     │            │企业│ │绿色│ │绿色│ │绿色│
┌────▼─────┐      │层面│ │生产│ │生产│ │生产│
│实施审计业务├─────▶│内部│ │关键│ │风险│ │内部│
└────┬─────┘      │控制│ │环节│ │要素│ │控制│
     │            │    │ │内部│ │内部│ │    │
┌────▼─────┐      │    │ │控制│ │控制│ │    │
│绿色生产内部│      └────┘ └────┘ └────┘ └────┘
│控制缺陷审评│      └ ─ ─ ─ ─ ─ ─ ─ ─ ─ ─ ─ ─ ─ ─ ─ ─ ─ ─ ─ ─ ┘
└────┬─────┘
     │
┌────▼─────┐
│完成审计业务│
│出具审计报告│
└──────────┘
```

图 3-4 绿色生产审计流程

二、国有企业绿色销售审计子系统

绿色销售审计的内容，是以国有企业绿色销售活动为出发点，需要对企业可持续发展与绿色销售审计之间的关系进行梳理和分析，对绿色销售审计职能、审计目标、审计范围、审计流程等方面解析其区别于传统销售审计的特殊属性。基于国有企业的特征，以清单的方式从绿色销售方式、绿色销售政策、绿色销售意识、绿色销售服务为入手点，对国有企业绿色销售审计的内容进行详细的分析。同时，结合国有企业的特征，对绿色销售审计工作的流程和原则进行设计，并在此基础上构建国有企业绿色销售审计体系。

企业开展销售活动的意义就是采用合法手段，促使消费者购买自己的产品，在这个过程中，企业不再是采购阶段有资格筛选供应商的下游企业，而是成为被下游企业选择的对象。这种转变促使企业必须保证自己所销售的产品是优质、安全、绿色的，这样才能赢得消费者和下游企业的青睐，从而获得超出传统产品的超额销售利润。构建绿色销售审计就是要构建企业运输和销售产品时的关注重点，评估其是否采用了绿色的运输、销售模式，以及产品包装的绿色性；同时，应该关注消费者使用产品及产品失去使用价值后，环境是否会因此而受到影响；企业是否根据相关法规及政策的要求回收、处理和二次利用产品包装以及产品废弃物；企业有无定期向企业环保部门和管理层递交有关消费者绿色需求信息的报告；企业有无跟踪调查消费者的绿色产品使用体验，并采用恰当的方式保证消费者在使用产品时不会对周围的环境造成过大的影响，为此，笔者设计了绿色销售审计重点关注内容表，如表3-3所示。

表3-3 绿色销售审计重点关注内容

关注类型	关注方式	关注内容
绿色销售方式	现场观察	（1）企业销售方式的种类
		（2）企业在销售产品的过程中有无不断革新销售模式，保持其环保性
		（3）各销售方式与环境之间的关系，以及各销售方式所占权重
绿色销售政策	询问管理层检查相关文件	（1）是否针对核心销售合同和行为制定了配套的环保制度
		（2）企业设计的绿色销售程序和政策有无通过书面方式表现出来
		（3）企业环保政策中有关环境保护的内容是否科学
		（4）企业是否采用了恰当的方式对影响环境的销售活动进行处理
		（5）企业执行绿色销售政策的情况
绿色销售意识	询问销售部门负责人采用调查问卷	（1）销售部门的整体情况，如部门人数、部门规模、人员胜任力
		（2）销售部门有无树立正确的环保观念
绿色销售服务	审查相关记录和文件	（1）企业有无定期向企业环保部门和管理层递交有关消费者绿色需求信息的报告
		（2）企业有无跟踪调查消费者的绿色产品使用体验
		（3）管理部门和生态环境部门有无针对消费者信息分析报告作出恰当的批示
		（4）企业有无采用恰当的方式保证消费者在使用产品时不会对周围的环境造成过大的影响

为进一步提升国有企业绿色销售审计活动的效率，本书根据绿色销售的

特征设计绿色销售审计流程，如图3-5所示，通过梳理审计活动的全流程，层层分析对各审计环节效率产生影响的因素，如环境因素、人员因素、管理因素，以全局的角度对各审计流程进行调整、改良和策划，以扫清审计人员审计大型国有企业绿色销售责任中的障碍。本书以过程控制、持续改进作为设计国有企业的绿色销售审计流程的指导思想。

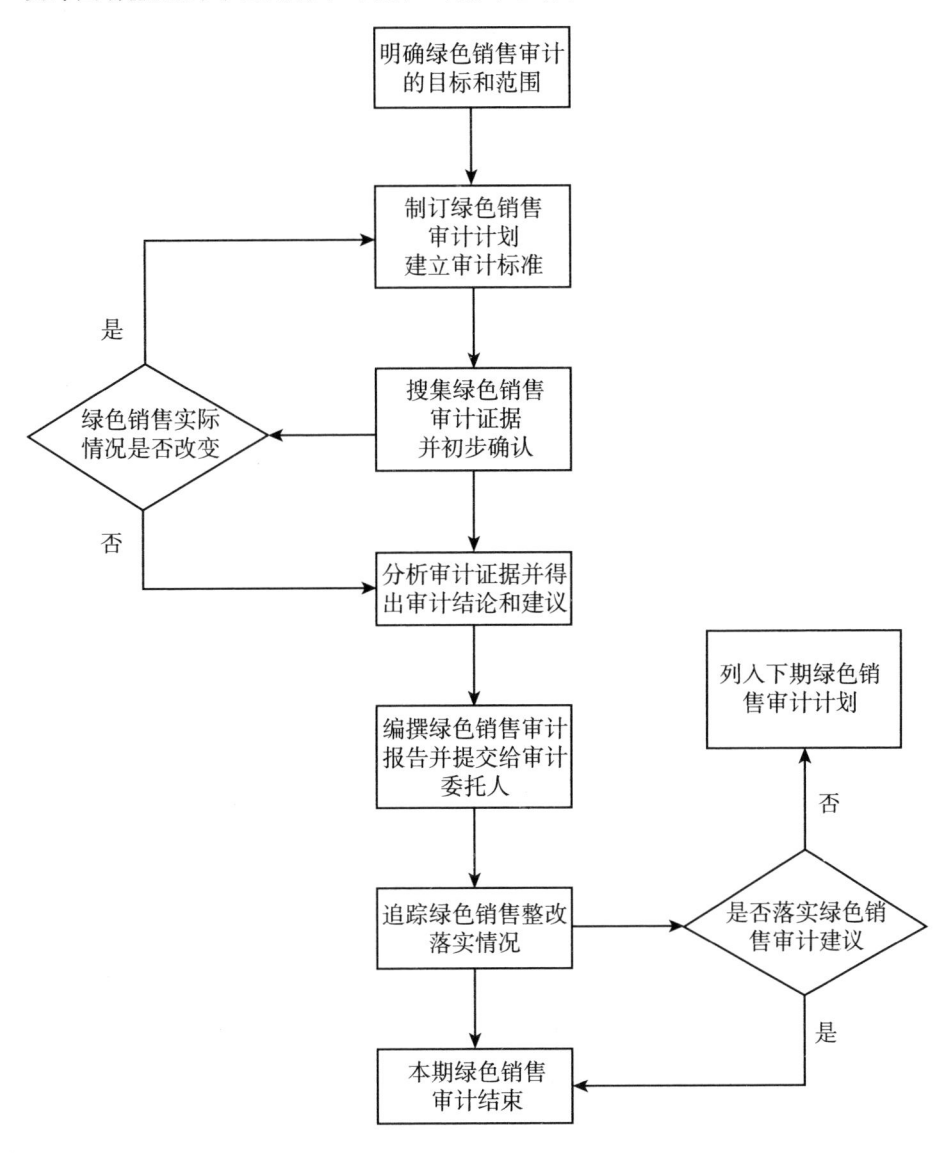

图3-5 绿色销售审计流程

三、国有企业绿色排放审计子系统

企业在生产过程中产生的"工业三废"（废水、固体废弃物与废气）、余热、噪声、光污染等排放物，如果不经过处理都会造成自然资源利用效率低以及破坏生态环境等问题，即未达到履行企业绿色责任的效果、效率和经济性要求。由于仅有国有企业拥有碳排放交易项目的参与权，因此本节重点研究内容为以温室气体排放为主要审计内容的绿色排放审计。

研究国有企业绿色排放审计子系统，首先要研究废水、固体废弃物排放，对审查对象用于处理、存放、运输、管理和排放废弃物的规定、文件和资料进行研究；然后对审查对象的环境记录进行核查，评估记录的客观性。不仅如此，在对相关资料进行了掌握和分析的基础上，还要采用科学的方法进行实地考察，对实际环境与企业环境记录的一致性进行评估。在了解、评估被审计单位处理废水、固体废弃物的实际情况时，审计人员应该研究：（1）被审计单位有无按照环境保护法规政策处理废弃物；（2）深入被审计单位附近的居住区，对居民生活环境变化状况进行了解；（3）企业是否合理利用了生产环节产生的余热、废水、废物，达到了节能减排的目标；（4）企业有无通过采用化学处理和焚烧的方法将有毒有害废物进行转化后再处置；（5）企业有无采用恰当的方法处置废弃物，并努力将废弃物对环境造成的影响降至最低；（6）企业有无购入相关设施和容器来处理无法进行化学处理和焚烧处理的有毒有害物质，且处置系统和容器长期盛放有毒有害物是否会渗透到土壤，或是排放到外界，即企业能保证有毒有害物在容器中具有不可迁移性；（7）企业在填埋普通废弃物时有无考虑到附近环境的特点，即填埋废弃物不会造成扬尘、洪水、风化侵蚀现象的出现。

其次是研究工业废气即温室气体的处置、排放与核算。企业进行绿色核算、完善碳排放交易等领域成为日益重要的议题，《京都议定书》提出了联合实施、排放交易和清洁发展机制（Clean Development Mechanism，CDM）三大减少温室气体排放量的机制，同时允许发达国家通过相互之间以及同发展中国家之间的合作，进行项目级的减排量抵消额的转让交易。中国参与CDM

第三章 国有企业"三维一体"绿色审计系统与评价指标体系的构建

项目主体的必要条件之一是中资或者中资控股企业，因此本章研究的绿色排放审计系统就是以国有企业温室气体排放作为责任认定的最主要依据。在绿色核算体系中，企业要履行绿色排放责任最重要的保障措施就是在低碳循环经济思想的指导下进行温室气体排放审计。低碳循环经济中的"碳"，主要指的是二氧化碳，这已经成了审计和会计界的共识；温室气体（Greenhouse Gas，GHG），其主要成分是二氧化碳，也包含氧化亚氮、全氟化碳、三氟甲烷、甲烷、六氟化硫等成分，能吸收远红外辐射气体。[1] 目前，国际上通常用"碳当量"[2] 作为计量温室气体的标准和表达方式。

目前，由责任方认定和直接报告是开展温室气体排放审计活动的两种常用方式，前者指由被审计单位主动将自己的碳排放实际情况以声明（GHG Statement）的方式告知审计主体，审计人员接受委托后针对该声明发表审计意见，基于责任方认定的审计形式三方关系如图3-6所示。后者则是指审计人员直接对企业碳排放情况发表审计意见。通常，后者潜藏着巨大的审计风险，这与该种审计方式自身的缺陷有关。但是，在世界经济异常活跃的当今，能源消耗加剧，碳排放量成倍增加，各国政府都会要求企业在披露温室气体排放信息时附上温室气体排放声明。因此，由于直接审计难度较大，同时温室气体排放声明已经逐步成为除企业年度财务报表之外最重要的信息披露来源之一，在国有企业绿色排放审计中对温室气体排放声明进行审评也就成为审计人员必然面临的问题。金珺（2011年）就详细地描述了温室气体排放的审计框架，他认为，审计主体接受了委托者的温室气体排放审计业务后，要根据相关审计规则和要求，通过采用恰当的审计方法，设计合理的审计程序，审查、鉴证被审计单位的绿色排放责任履行情况，即有无达到效益性、合法性和公允性的要求，并给出恰当的审计意见。[3]

---

[1] 杨红强，张晓辛.《京都议定书》机制下碳贸易与环保制约的协调 [J]. 国际贸易问题，2005 (10)：107—111.
[2] Jan Bebbington, Carlos Larrinaga González. Carbon Trading: Accounting and Reporting Issues [J]. Europe an Accounting Review, 2008, 17 (4)：697—717.
[3] 金珺. 碳审计框架探讨 [J]. 现代商贸工业，2011，23 (14)：176—177.

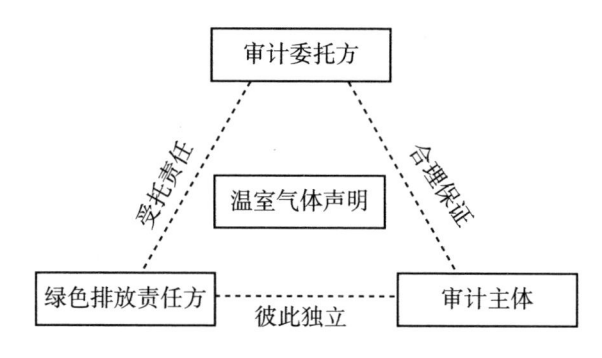

图 3-6　绿色排放审计三方关系

在碳排放审计过程中，审计人员要重点考查被审计单位碳排放量的公允性，即被审计单位有无达到国家碳排放标准及其他标准的要求。企业碳排放量的计量及确认是否公允，是评估企业履行绿色排放责任情况，以及了解温室气体排放额度交易市场需求的重要依据。如果这项数据的公允性不达标，审计人员就无法得出客观的审计结论，也难以提供恰当的审计意见。审计人员根据联合国政府兼气候变化专门委员会出台的《IPCC 国家温室气体清单指南》，世界可持续发展工商理事会（World Business Council for Sustainable Development，WBCSD）与世界资源研究所（World Resources Institute，WRI）联合出台的《温室气体协定书——企业核算和报告准则》，我国香港环境保护署及机电工程署出台的《香港建筑物（商业住宅或公共用途）的温室气体排放及减除的审计和报告指引》，国际标准化组织出台的《国际温室气体排放核算、验证标准——ISO14064》确定绿色排放审计标准。

本书认为，审计人员对碳排放活动进行合法性审计的法律法规依据是国家发展和改革委员会制定的《中国应对气候变化国家方案》以及《中华人民共和国清洁生产促进法》《中华人民共和国可再生能源法》《中华人民共和国环境保护法》审查与评估企业有无根据国家碳排放法规与政策要求排放温室气体。

除以上两个方面之外，审计人员还需根据国家"十三五"规划、《中央企业节能减排监督管理暂行办法》、各行各业共同遵循的节能减排规则就被审计单位执行国家节能减排的情况进行审查，如企业有无购入节能减排的设备、原材料、燃料，有无选择清洁生产技术和工艺，生产中有无做到效能和节能的协调。审计工作者在对被审计企业碳排放活动相关的信息进行了解时，可以运用碳足迹分析法来获得重要的数据依据。碳足迹指的是产品在其整个生命周期中排放碳的重量，目前科学家将碳足迹的计算作为评价温室气体排放的极其重要的途径之一。在实际操作上，确认一个企业的碳足迹是非常复杂的一项工作，这是因为它包含的内容太多，如原材料运输、原材料生产工厂的能源消耗，牵涉方方面面。因此，英国碳交易信托有限公司、英国标准协会联同英国环境食品农村事务部推出了关于如何评估碳足迹的最新标准——《商品和服务生命周期温室气体排放评估规范》，该标准为绿色审计人员评估企业的碳足迹带来了便利，能够更加全面、准确地掌握企业碳排放活动情况。碳足迹分析如图 3-7 所示，通过碳足迹分析，审计人员可以完全掌握整个企业内部、外部的碳运动轨迹，再根据具体的碳排放核算标准（如 ISO14064）来评估企业的碳排放量，并识别出相应的绿色排放风险。

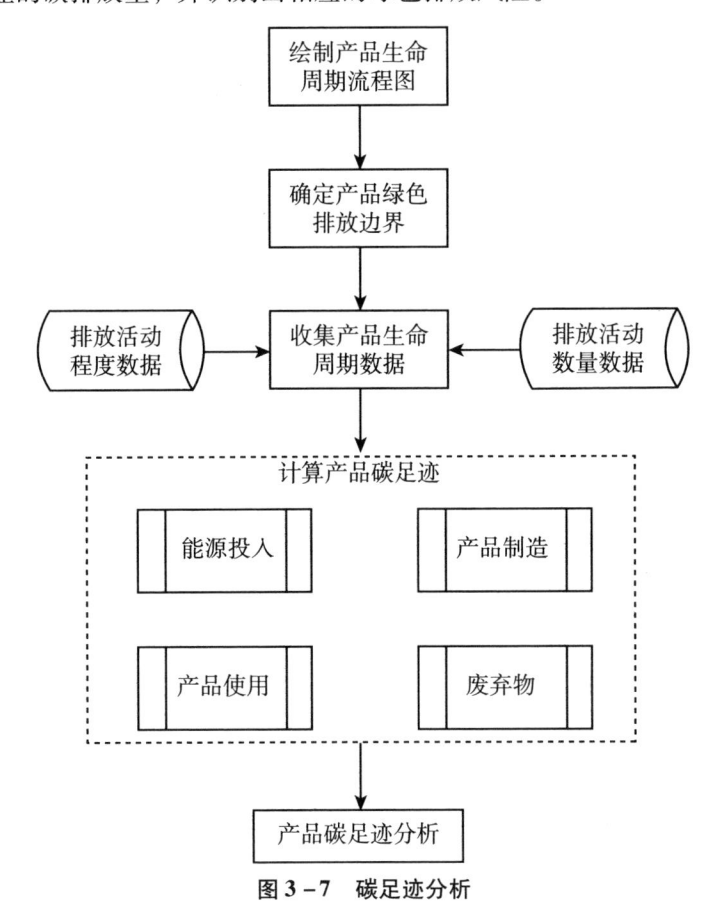

图 3-7　碳足迹分析

第三节　国有企业绿色审计评价的原则与内容

一、国有企业绿色审计的评价原则

评价工作的开展离不开评价指标的支撑，审计工作要走上规范化的道路，就必须针对各个行业制定统一的评估指标体系。由于各行业乃至行业中各企业规模以及管理模式各异，故而绿色审计到目前为止还没有一个统一的评价指标体系作为支撑。鉴于这一背景，在绿色审计实践中，应按照综合系统与弹性灵活并重、全面客观与重要性结合、可比性与可实现性兼具、定量与定性结合四个原则来建立分析模型，设计审计评价指标体系，以便对被审计单位履行绿色责任的情况作出公正、客观的评价，并将绿色审计风险控制在可接受范围内。

（一）综合系统与弹性灵活并重原则

构建国有企业绿色审计体系应该做到系统性和综合性的统一，既要能够对循环经济的各要素进行客观的描述和反应，还要考虑到各子系统之间以及关联因子之间的相互影响情况，这样才能得到一个完整、有用的系统。审计评价结果既要有利于审计人员了解被审计单位的业务情况，同时还能从中发现问题；企业经济活动不是孤立存在的，这就要求审计人员在考察国有企业履行绿色责任的情况时，重点审查其履行社会责任、环境保护责任的情况，以及业绩报告、经营活动报告所反映出来的问题，以此判断企业负责人廉洁自律、遵纪守法的程度，以及企业可持续发展的能力。审计评价需面面俱到，不能仅凭某一项审计证据对企业履行绿色责任的整体情况进行评估。只有综合考评一切涉及企业绿色责任的事项和事件，才能得出可靠、公正的结论。在构建评价模型、设计绿色审计评价指标时，综合反映原则实际上就是可持续发展指标、社会发展指标、经济发展指标与环境保护指标的统一，只有遵循这一原则，才能在构建有效模型的基础上设计出合理、有用的评估指标。

综合系统并非一味追求刻板的评价体系，绿色审计模型的构建和评估指标的设置因行业属性以及行业所处发展地区的不同而异，这种差异也体现在了评估标准和评估范围上。也就是说，就算两个企业在同行业、同地区，审计人员在审计实践中也应该采用两套评估标准。尤其是在中国大力建设生态文明的当今，绿色审计的核心内容实际上就是被审计单位履行绿色责任的情况，即审计评估范围必须包含被审计单位的可持续发展能力以及社会责任履行状况，这就要求审计人员本着弹性灵活的原则设计相应的审计评估指标体系，并结合审计工作的实际需要，适时补充和调整指标，这样才能维持评价指标体系的有效性。

(二) 全面客观与重要性结合原则

尽管本书是基于经济学的研究，但是在研究构建模型、设计指标时，也必须明确，对于审计实践而言，只有能够对企业绿色责任履行情况进行真实、完整、全面反映的绿色审计模型和评价指标才是有效的。只有这样的模型和指标才能同时满足环保部门、股东、审计部门等外部使用者以及企业自身可持续发展对审计信息的需要，也只有这样的模型和指标才能对企业管理全过程以及管理的发展方向进行反映。为得到客观的审计评估结果，研究人员在研究设置审计评估指标时还应该以国内外通用的审计评估标准为参考，同时在设置中保持客观、公正的态度，排除主观因素。尤其是在设计国有企业绿色审计评估指标时，应该清楚地意识到，指标的客观性是建立在大量的定量指标上。不仅如此，为了降低设计过程的复杂性，指标的获取应该以统计信息和财务资料为基石，以免指标过于繁琐，影响评估的可操作性。

需要注意的是，审计效果和审计质量也与评价指标的数量息息相关，评价指标的数量应控制在一个合理水平上。通常而言，应该选择简单易行、能反映客观事实（如企业履行社会责任、绿色责任、经济责任的情况）以及具有代表性的指标作为评估指标，这样才能保证评估所得结果是可信、公正的。

(三) 可比性与可实现性兼具原则

绿色审计评价标准因评估对象所处行业及地区的不同而异，故而可比性原则也是研究选择评估指标需遵循的原则。可比性具体表现在纵向可比与横向可比两个方面。具体到国有企业绿色审计活动中，由于国有企业实际情况各异，故而在设计指标的时候要注意考虑不同时期指标的可比性，这样才能保证评估所得结论具有较强的实用性，帮助审计人员了解企业在当期发展背景下履行绿色责任、开展环境管理工作、环境绩效的情况，这样才能在同一套评价体系的背景下，对比分析不同地区同一行业以及同一行业不同企业履行绿色责任的情况。鉴于此，比率指标在绿色审计评估指标体系中应该占较大的比重，不仅如此，还应该本着可实现性的原则设计评价指标体系，这样才能降低获得相关数据的难度，顺利获得所需数据，否则所设计的指标将是无效的。

(四) 定量与定性结合原则

在审计实践中，审计人员有时只能采用定性分析的方式评估绿色审计中的个别重要事项。因此，国有企业绿色审计评价指标体系的设计应该做到定量指标和定性指标的结合，不能出现重定量、轻定性的现象。实践中，非货币、非价值以及货币或价值型指标都能够用于反映环境保护活动产生的效益。进一步细分，这些指标又有国家层面指标、宏观层面指标、微观层面指标之分。设计绿色审计评估体系时，需对以上内容进行把握，通过分析不同层面指标的特征，筛选出最能够反映绿色责任被审计单位履行绿色责任、社会责任和经济责任的定性、定量指标。在具体操作时，要适当偏向于选择定量指标，然后用定性指标描述无法被量化的项目。选取指标的方法包括定性测评法、专家团评分法等。

二、国有企业绿色审计的评价内容

研究企业履行绿色责任是开展国有企业绿色责任评价活动的主要内容，当然也不能忽略被审计单位的财政收支情况。在市场竞争日益白热化的当今社会，走绿色发展道路已成为企业应对竞争、抢占更多市场份额的有力之举。

这就要求绿色审计系统的研究也要完善审计评价的内容,将审计范围扩展至企业的绿色责任上,而不是仅停留在财务收支层面上,即在构建审计总体框架时要考虑被审计单位履行经济责任、绿色责任、社会责任的整体情况。2016 年国务院审计署在《"十三五"国家审计工作发展规划》中将"经济责任、资源环境、民生审计一体化"作为新审计模式的内容,[1] 该规划的内容佐证了本书研究与审计实务的切合度。笔者基于前期研究,[2] 认为一个科学、完善的国有企业绿色审计评估体系应包含经济责任、绿色责任、社会责任和可持续发展责任。

"三维一体"系统中三个子系统和四大维度是对国有企业绿色转型进行监督和保障的两个不同角度。在经济责任、绿色责任、社会责任和可持续发展责任四个维度中,表现的是国有企业的多重受托代理责任。一般认为,经济责任是国有企业负责人必须履行的责任,由此诞生了国有企业经济责任审计,而短期的经济效益常常与环境保护存在一定程度的冲突,因此本书以绿色审计为研究对象,实际上是根据中央和审计署关于审计"全覆盖""全过程跟踪"的政策要求,对国有企业进行综合性的审计。一方面,"三维一体"系统是以企业生产经营中最容易产生污染的环节入手进行审计;另一方面,四大责任维度从中央、国有资产监督管理委员会、审计署等监管者的角度出发对国有企业绿色转型进行审计。两个方面都是促进国有企业将经济效益、社会效益和绿色效益三者进行协同发展。

(一) 财务数据的真实性、合规性与效益性的经济责任

绿色审计作为问责体系的重要组成部分,其审计的基本内容自然应该包括企业的财务收支情况,这是绿色审计的基本要求,更是判断企业是否依法纳税,严格按照国家法规政策经营与发展,以及企业资产增值保值情况的重要依据。通常而言,国有企业在经营活动中应当实现自身资产的增值保值,也应当客观、完整地披露自己的财政财务收支信息。但是,营利性是每一个

---

[1] 审计署. 审计署关于印发"十三五"国家审计工作发展规划的通知. [EB/OL] [2017 - 06 - 11]. 2016 - 06 - 02, http://www.gov.cn/xinwen/2016 - 06/02/content - 5078941.htm.
[2] 郑国洪. 国企绿色经济责任综合审计评价的 AHP 模型思考与改进 [J]. 西南政法大学学报, 2017, 19 (1): 97—104.

企业与生俱来的特征，国有企业也不例外，因为国有企业的经营者绩效与企业绩效紧密相连。这一特征会使得企业降低私人成本，逃避绿色责任，这也是经济负外部性的典型表现。但是，也不能够因为国有企业的国有属性而无视其经营活动的效益性。

（二）保护环境、提高环境效益等绿色责任

资源是企业赖以生存的物质基础，企业通过使用资源生产产品，这个过程会不可避免地对环境造成破坏。研究国有企业绿色审计的意义就在于，客观、系统地监督、评价和鉴证企业是否利用了有限的资源生产出了节能、绿色、安全的产品，以及生产过程中有无自觉进行环境管理，以及有无按照国家法规、政策的要求处置、循环利用废弃物，有无按照国家核算标准计算温室气体排放量，并根据企业履行绿色责任的情况，进一步评价需要完善履行绿色责任之处，同时提出整改建议。

国有企业负责人的绿色责任包括以下几个方面：（1）负有遵守国家环境保护法规、政策的责任；（2）负有处理和解决污染事故的责任；（3）负有对生态环境进行保护、治理的责任；（4）负有生产安全、清洁、无污染、无公害产品的责任；（5）负有向相关部门披露自身履行绿色责任信息的责任；（6）负有主动配合政府执法人员监督工作的责任；（7）负有合理使用和保存环境资源的责任；（8）负有披露客观、公正的环境会计核算信息的责任；（9）负有构建、实施环境保护内部管理控制制度的责任；（10）负有高效、合理地规划和使用环境保护专项资金的责任。[①] 构建国有企业绿色审计应该把国有企业承担和履行以上十个方面环境保护责任的情况纳入审计范围。

（三）与利益相关者密切相关的社会责任

狭义的企业社会责任即履行对利益相关者应承担的责任，是指企业负责人对客户、投资者、供应商、债权人、消费者和国家所负之责任即企业利益相关者的责任。企业只有主动承担和肩负起利益相关者责任，才能赢得他们

[①] 朱秀霞，刘长翠.环境责任审计初探[J].中国发展，2011，11（5）：7—13.

的信任和肯定，进而在激烈的竞争中脱颖而出。在世界生态日益失衡的背景下，企业一切对自然环境造成破坏的生产经营行为都会使自身形象大打折扣，失去信任。因此，国有企业必须履行与利益相关者密切相关的社会责任，按要求定期对自己的环境管理控制信息进行披露并接受绿色审计，这样一方面能赢得广大公众和消费者的信赖，别一方面能通过降低信息不对称程度遏制利益相关者的策略性行为，实现环境、经济、社会效益的统一。

（四）企业可持续发展责任

由于环境污染的源头是企业的生产经营活动，故而政府对企业使用资源作出了严格的限制，所以在资源一定的情况下，研究国有企业绿色审计需要着重研究审计企业的可持续发展能力。通过鉴证、评估企业引入生产设备、工艺和人才的情况，判断企业有无利用有限的自然资源，实现经济、环境和社会效益的统一。在绿色审计的经济学研究体系中，需要结合现有的审计结论，预测企业未来在环境保护领域的发展方向，这一点需要从企业在环境保护事业上的表现和活跃度上进行判断。首先，看企业有无投入一定资金来创新科技，不断投入创新科技才能增强企业核心竞争力促使企业可持续发展；其次，看人力资源的投入和固定资产装备，两者是衡量一个企业技术高低的重要依据，也是企业可持续发展的基本前提；再次，看企业的产品在市场上是否保持一定的占有率；最后，看主要负责人经济决策尤其是重大经济决策，事关国有企业未来的发展战略与方向，是评价国有企业可持续发展的核心内容。

第四节　国有企业绿色审计评价体系的构建

一、现有方法介绍与简评

（一）国有资本金绩效评价模型

1999年，国家经济贸易委员会、财政部、国家发展计划委员会、人事部联合推出了国有资本金绩效评估体系，该体系的问世对于监管国有企业经营和发展意义重大，其中每一个指标体系都有对应的分值，通过计算分值，便可得出具体的评价类型和级别，评价级别共有五级，分别是 A（优）、B（良）、C（中）、D（低）、E（差），每一个类型都可被细分为若干级别，各级别用"+""-"号标注。最终的评价结果就是综合评价得分，得分具有极强的专业性，因为它是由专家计算的。而通过对比计算所得数值与标准值，就可以得到定量指标。用定量和定性指标分别乘以它们各自的指标权，便可计算出各指标在综合层次上的得分，最后将这些得分进行求和，所得结果就是最终评估结果。

现阶段，企业的管理理念是一个动态发展和变化的过程，国有资本金绩效评价模式显然已经无法满足当代企业绩效评估的需求。如果在评估国有企业业绩时依然以经济业绩作为主要依据，那么无疑会割裂国有企业职能与政府职能的联系，这种评估模式无法有效区分国有企业竞争性与非竞争性业务，而且无法客观地反映其社会责任履行状况。本书认为，在实践中，国有资本金绩效评估模式主要存在以下缺陷：第一，评估体系里的各指标可能无法客观反映评估对象的实际情况，因为其权重无法随评估实际的变化作出调整，比较僵化；第二，缺乏与评估指标相对应的评价等级标准，缺乏可操作性。

（二）沃尔评价模式

沃尔评价模式（Wall Method）是指通过整合一组经过仔细筛选的财务比率，并赋予其权重，这些比率必须具有一定的线性关系，然后以标准比率作为参考物进行对比，最后各项指标的分值相加，所得总分即最终的评估结果。这一评估模式最早出现在由亚历山大沃尔（AleXAander Wall）于 1928 年出版的《信用晴雨表研究》和《财务报表比率分析》两本书中。2006 年，国有资产监督管理委员会正是考虑到沃尔评价模式的可操作性强的优点而以之为参考出台了《中央企业综合绩效评价实施细则》配套的暂行办法。该模式的操作流程为：第一，以表 3-4 为依据确定指标的分值（总分 100 分），其中三类指标权重依次为5:3:2，盈利能力的具体指标权重比例为2:2:1，偿债能力指标和发展能力指标中各项具体指标的权重大体相当；第二，对企业当前状态下各个指标的最优值进行计算，即确定各个比率指标的标准值；第三，就表3-4中各项比率指标在企业一定期间内的实际值进行确定；第四，计算沃尔评价模式的结果。计算结果并且进行评价时，运用的公式如下：

$$实际分数 = 实际值 \div 标准值 \times 权重$$

若实际值大于标准值，说明结果可靠，评价结果较接近真实情况。然而，沃尔评价模式的缺陷在于：评价指标相对单一的同时，权重设置过于简单。若总分被其中一项指标的实际值拉高，那么这说明公式的实际分数虚高粉饰了评分较低的指标，造成审计评价欠缺全面性，因此沃尔评价模式在应用层面具有局限性。

表3-4 沃尔评价模式指标

指标类型	具体指标
盈利能力	资产净利率、销售净利率、净值报酬率
偿债能力	自有资本比率、流动比率、应收账款周转率、存货周转率
发展能力	销售增长率、净利增长率、资产增长率

（三）经济增加值评价模型

20世纪90年代最流行的绩效评估方法是经济增加值（Economic Value Added，EVA）评价模型，时至今日，该模型依然适用广泛。就该模型的起源来看，其最初是由名为Stern Stewart的咨询公司创建并应用到实践中的。该模型主要是以税收营业收入为依据，对这些收入的获得所需投入的资本进行认定。2010年，国务院国有资产监督管理委员会以此模型为蓝本，对《中央企业负责人经营业绩考核暂行办法》进行了修订，并要求中央企业内部自2010年1月1日必须全面普及EVA评估法。

本书认为，EVA评价模型是绩效评估工具中重要的创新与改善，与传统方法相比有许多无法比拟的优势，因此在国有企业绿色审计评价体系经济责任维度中分别采用了EVA以及EVA增长率两项指标；然而，作为单独的一种评价工具，EVA评价模型仍然存在缺陷。第一，在评估企业经营绩效方面，EVA绩效评估考核体系未能全面、客观地反映股东收益与企业经营绩效之间的关联性，也无法考察经营者的绩效，这对于制定企业和管理者发展积极性的策略而言是相当不利的；第二，EVA所得评估结果不够精确，因为其评估依据是市场价值和历史价值，若企业并未按要求提供真实的账面信息，加之缺乏配套的监督体系作为支撑，市场价值可能会被操控；第三，资本市场上的数据是EVA评估法确定股权资本的重要依据，然而市场有效性问题导致EVA评估法的实用性存在限制。

总地来说，研究国有企业绿色审计面临多种方法的选择，各个方法的选择只是基于角度的差异来对审计对象作出评估，所以并没有所谓完全正确的方法，因此对于本书研究而言，首先，要结合国有企业的实际情况选择正确的审计评价方法。在调查问卷分析中发现，由于审计工作者自身专业素养、工作经验等方面的差异以及被审计单位特征等因素的影响，导致不同的审计人员所选择的审计评价方法不尽相同，而由于评价方法的差异导致结果在主观性上有很大区别，所以说没有真正意义上完全正确的评估方法存在。例如，审计人员选择数据包络分析法来进行评估时，尽管这种方法能够有效克服人为主观因素的影响，但其缺点在于客观赋权得出的各个指标权数无法反映各个指标的价值，并且这种方法中各个指标权数会随着样本数据的变化而体现出动态性，对样本过于依赖，而且这种方法对审计工作者的专业素质要求极高，审计工作者不仅要具备专业的统计学知识还要有良好的数学功底。但是就目前国内的实际情况而言，绝大多数审计工作者并不具备这些素质，造成这种情况的主要原因是一般的审计业务很少涉及数学分析的使用，而且由于这些方法要求极高的数字精确度，实际操作时十分烦琐，所以这些方法的实用性并不高。

综上所述，要想弥补审计人员在实际工作中采用评价方法过于单一的问题，可以采用两种或两种以上的评价方法，将各种方法的优势集中起来，从而确保评价结果的公正、客观、合理。本书研究中使用的评价方法为模糊综合评价法和层次分析法相结合的方法，并在此基础上建立相应的评价模型。

（四）AHP—模糊综合评价

AHP—模糊综合评价是将层次分析法与模糊综合评价法相结合，在审计实务中运用得较为广泛。由美国著名学者托马斯·赛迪（T. L. Saaty）所提出的层次分析法是一种融合了定性分析和定量计算的系统分析方法。[1]这种方法主要适用于涉及复杂结构的多目标、多准则决策问题以及无结构的特殊性复杂决策问题。层次分析法是根据要达到的目标和问题性质来建立起层次结构模型，把决策问题分解为若干子因素，有方案、准则、目标等层次，然后根据各个层次的支配关系来建立递阶层次结构，最后对该结构进行定性和定量分析。对于层次结构模型中同处一个层次中的各个因素，在确定各个因素权重时可以采用两两比较的方法；对于不同层次的因素，需要通过逐层计算来确认其权重大小。层次分析法在针对一些无法通过直接计算需要大量的人为主观判断的决策结果时尤为重要，通过定量和定性分析相结合的方式能够将人为主观思维数量化和层次化，从而让人为思维判断更加具有科学性。随着绿色经济理念的发展和审计环境的变化，审计内容以及审计功能都在逐渐升级，在对国有企业责任人绿色责任的审计时也应将重点转移到"绿色化"上来，并且还要进一步补充绿色责任的概念。结合当前中国整体审计环境来说，使用层次分析法能够更加客观公正地对国有企业负责人绿色责任履行状况进行评估，其原因如下：一是层次分析法中不仅包括专家评分法，还包括数据定量分析等内容，并且这种方法要比人工神经网络法更容易让人掌握；二是审计人员只需要运用简单的Excel表格等常用计算工具便能够轻松地对所选指标优劣等级进行排序，并不要求所有审计工作者去专门学习系统的数学知识，也不要求掌握专门的

---

[1] 赵晓铃. 经济责任审计评价方法体系探究［J］. 当代财经, 2009（6）：124—128.

计算工具。模糊综合评价法是根据 Zadeh 法则在已建立的各个数学模型中构建模糊矩阵，再根据"最大隶属度原则"来对模型进行综合评估。[①] 这种方法的优势在于能够准确判断存在很多因素的综合问题，并且能够对各个因素对整体系统影响程度进行分析。模糊综合评价法不仅能够直观地反应现象模糊性，还能够用具体的数据来表示人的经验。从本质上而言，模糊综合分析法是先建立一个运算公式，再把各个指标值以及权重代入公式，算出模糊综合分析评价值。

AHP—模糊综合评价模型是先确定各个指标的权重后再对其进行模糊评价，即先使用层次分析法再使用模糊综合评价法。因此对于该模型而言，第一步便是通过层次分析法将模型中各个因素的权重进行排序，找出主观性问题，弥补仅仅只靠专家评估或统计试验的不足；第二步是模糊算法对绿色责任评估专家的结论进行合成，凭借模糊理论在处理不确定性问题上的优势，对影响本次研究的各方面因素进行综合考虑。

总的来说，AHP—模糊综合评价模型的优点有以下两点。第一，这种模型给出的评价结果具有较高的准确度，由于该模型采用了定性和定量相结合的分析方法，综合考虑了影响评价系统各个因素的影响情况，并且在评价过程中运用了模糊理论，大大降低了个人臆断的主观性，强化了结果的客观性。第二，这种模型实现了定性评价和定量计算的有效结合，不仅涉及具体的指标定量计算，还包括评价的定性分析，通过有效结合这两种评价方式能够很好地缓解评中的模糊性问题。

在评估国有企业负责人绿色责任时运用 AHP—模糊综合评价模型能够很好地提升评价结果的准确度，让评估结果能够真实、全面、客观地反应被审计单位的实际情况，为完善国有企业绿色责任规范提供有力的证据支持，对加强国有企业负责人绿色责任履行的管理有重要的现实意义。图 3-8 为使用 AHP—模糊综合评价模型的具体步骤以及模糊综合评价法和层次分析法的潜在联系。

---

① 贾中裕. 经济与管理数学模型 [M]. 北京：冶金工业出版社，2000：166.

第三章 国有企业"三维一体"绿色审计系统与评价指标体系的构建

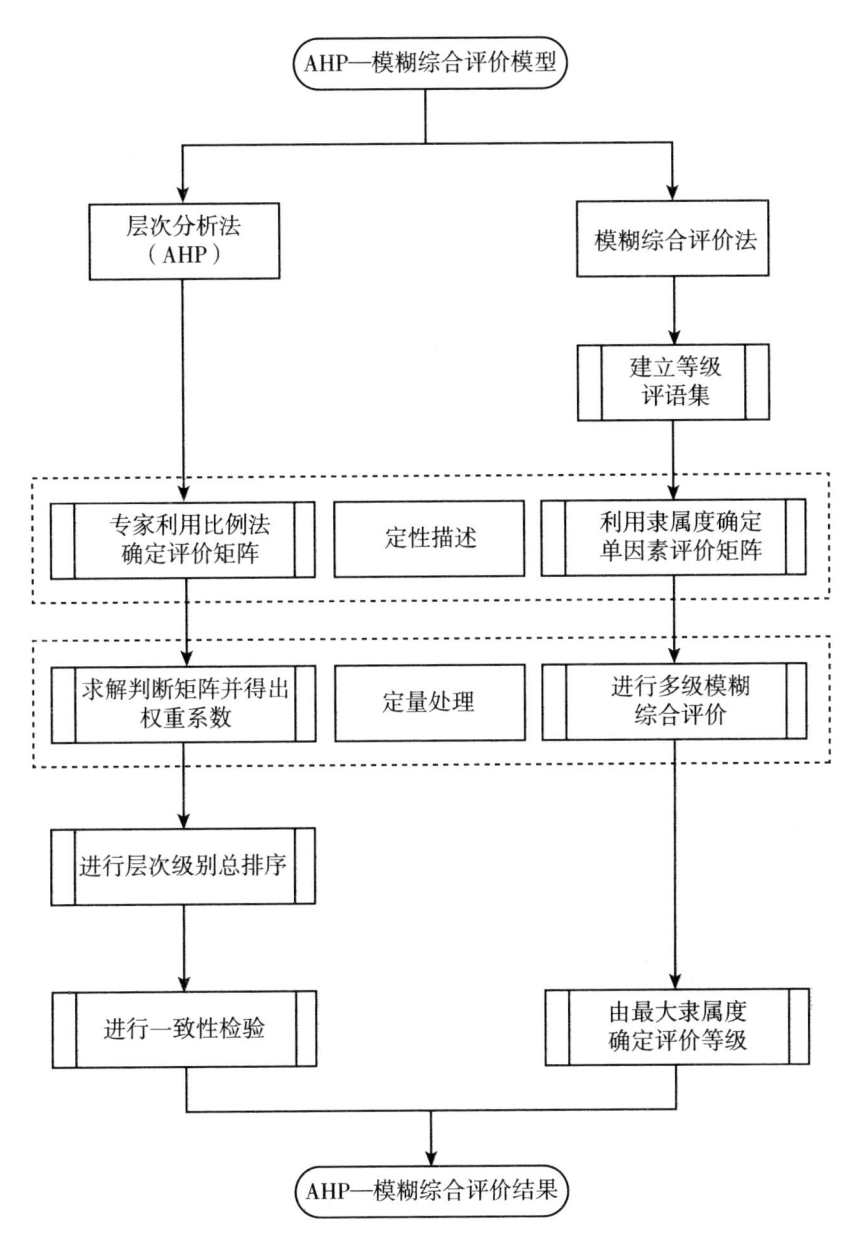

图 3-8 AHP—模糊综合评价模型

二、评价模型构建思路与步骤

在研究构建国有企业绿色审计系统时需要综合考虑到各方面因素,可以

121

根据层次分析法来建立相应的指标体系，通过这种方法能够很好地解决对关键因素权重的赋值；另外，有些评价指标对国有企业绿色责任履行状况的影响程度难以得到有效量化，所以必须要比较各个指标的优先等级，研究结果表明，可以通过使用模糊评价法来很好地解决这些问题。因此，本书选择AHP—模糊综合评价模型来评估国有企业绿色责任的履行状况。构建国有企业绿色审计系统的主要思路如下：首先，把对被评估对象有影响的各个因素归纳整合；其次，结合实际情况运用层次分析法来完成各个指标权重的赋值；再次，由专业的审计人员根据相关评估标准对各个指标进行定性和定量相结合的评估，得出具体的模糊评价矩阵；最后，将评价结果量化，通过对权重因素和模糊评价矩阵的分析计算，完成审计评价。根据上述模型构建的思路，构建国有企业"三维一体"绿色审计系统的计量评估的具体步骤可以归纳为：(1) 确定评价对象的因素集合并建立评价对象等级评语集；(2) 用层次分析法确定指标权重向量；(3) 层次单排序；(4) 一致性检验。

（一）确定评价对象的因素集合并建立评价对象等级评语集

在对影响评价对象的因素进行整合时，要根据各个因素属性的不同将其进行类别划分，每类都为独立的评价因素，即第一级指标，在第一级指标下又有第二级指标、第三级指标等。例如，利用AHP法构建包含四个维度构成一个国有企业绿色审计评价有限集合的整体体系，分别标记为A_1、A_2、A_3以及A_4，即一级评价因素$F = \{A_1, A_2, A_3, A_4\}$；其中$A_1$包含六类第二级指标构成一个评价因素有限集合，同理可构建其他有限集合A_2、A_3和A_4，用以将全部具体指标层C纳入评价因素。具体而言，评价国有企业绿色审计社会责任维度的有限集合$A_3 = \{B_{11}, B_{12}, B_{13}\} = \{C_{27}, B_{28}, B_{29}, B_{30}\}$，表示通过上缴税收增长率、社会公益捐赠额、提供就业增长率、职工收入增长幅度组成评价审计对象社会责任履行情况的因素集合。根据对评价对象作出的评价结果，将评语划分为n个等级，评级结果的集合即等级评语集V，本书构建的等级评语集为$V = \{好，较好，一般，差\}$。

（二）层次分析法确定指标权重向量

在国有企业绿色审计评价中，确认各个指标的权重是一项十分重要的工作，它直接影响到最终的审计结果，如果指标权重发生波动会导致被评价对象优劣顺序也发生变化。因此，必须要进行在多指标综合评价中对各个指标权重的确认工作。本书中所使用的层次分析法是一种将评价目标分解为多个层次及指标，再通过确认各个指标的权重来对其进行评价的方法，其主要步骤是：

第一，建立层次结构模型，将评价目标分解为多个层次，构建一个由上至下的"树形"层次指标体系。

第二，构造判断矩阵，根据表3-6中各个标度的含义来进行各个指标重要程度的排序工作，形成直观的判断矩阵。详细方法是按照表3-5来对比各个层次中的指标，每次对比取两个指标元素构成 C_{ab}，而相对重要性程度则需要按照表3-6中的标度含义进行判断，例如，在评价时认为 C_a 比 C_b 明显重要，那么 $C_{ab}=5$；标度数值为偶数表示的是相对重要程度介于该表中上下两个奇数程度之间。

表3-5 判断矩阵表

	C_1	C_2	…	C_n
C_1	C_{11}	C_{12}	…	C_{1n}
C_2	C_{21}	C_{22}	…	C_{2n}
…	…	…	…	…
C_m	C_{m1}	C_{m2}	…	C_{mn}

表3-6 1—9标度含义表

标度数值	赋值含义
1	C_a 与 C_b 相比，具有同样的重要性
3	C_a 与 C_b 相比，C_a 比 C_b 稍微重要
5	C_a 与 C_b 相比，C_a 比 C_b 明显重要
7	C_a 与 C_b 相比，C_a 比 C_b 强烈重要
9	C_a 与 C_b 相比，C_a 比 C_b 极端重要
2，4，6，8	相对重要性介于上下两个奇数标度之间
1/2，…，1/9	相对重要性等于表中相应标度的倒数

第三，层次单排序，得出判断矩阵后，赋予各个因素的重要性权值，我

们可以将层次单排序理解为计算判断矩阵特征向量以及特征根；具体而言，由第二步构造的判断矩阵 C、该判断矩阵最大特征值 λ_{max} 以及归一化的特征向量 W，利用下列公式计算得到的 W 的分量 W_i 就是相应因素排序的权值。

$$C \cdot W = \lambda_{max} W_i$$

第四，由于定量数据的复杂性和不同人认识的偏差，为了保证权重合理需要进行一致性检验。首先，计算出一致性指标 C.I.，其次，查表 3-7 或者计算出平均随机一致性指标 R.I.，最后，将两个指标相比得到一致性比例 C.R.，作为判断矩阵是否通过一致性检验的依据。一致性检验所需的计算步骤、方法以及数据如下所示：

$$\text{C.I.} = \frac{\lambda_{max} - n}{n - 1} \quad (n \text{ 为判断矩阵阶数})$$

表 3-7 平均随机一致性指标取值参考表

判断矩阵的阶数	1	2	3	4	5	6	…
R.I. 的参考值	0	0	0.52	0.89	1.12	1.26	…

$$\text{C.R.} = \frac{\text{C.I.}}{\text{R.I.}} \quad (\text{C.R.} < 0.1 \text{ 表示通过检验})$$

（三）利用外部专家获得模糊评价矩阵

首先，进行单因素模糊评价，确定其隶属于等级评语集中的从属度，以国有企业绿色审计评价社会责任维度的社会公益所做的贡献指标为例，若有两成的专家认为该指标"很好"，三成的专家认为该指标"好"，四成的专家认为该指标"一般"，一成的专家认为该指标"差"，则对于"社会公益贡献"这一单因素的评价为 {0.20, 0.30, 0.40, 0.10}；单因素模糊评价是模糊评价矩阵的子集合，同理可得其他单因素模糊评价最后形成模糊评价矩阵 R。

$R_{C1} = \{\cdots, \cdots\}$

……

$R_{C28} = \{0.20, 0.30, 0.40, 0.10\}$

……

R_{mn}

$R = \{R_{C1}, \cdots, R_{mn}\}$

（四）计算综合评价结果并将结果归一化处理

在上一步骤得到模糊评价矩阵 R 之后与经层次分析法计算所得的权重集合相乘即可得到判断结果；又由于该结果为 m 行 n 列向量的各行间数之和并不相等，所以不能展开对比，还要进一步处理评价结果让它的各行间数之和等于 1 为止，每列相应的数值均代表了它的评价值，详细步骤会在下文中结合实际案例说明。

三、评价结果处理

审计结果编制完成后，审计人员要对照该结果客观公正地评价国有企业负责人绿色责任的履行情况，对其在职期内存在的不合规行为以及值得发扬的经验进行总结，褒奖其取得的成绩，并且对于出现的问题，要根据后果的严重程度和行为性质来具体划分该企业应负的责任，详细说明其中原因和主要依据。若被审计企业负责人出现过任何违法行为，则需要根据国家现行法律对其进行严肃处理；若被审计企业负责人的行为有很好的示范作用，则应积极推广该负责人的行为。此外，审计工作者还要对被审计单位的具体行为发表审计意见，在审计报告中将自己在审计过程中发现的各个问题揭示出来，以便改善国有企业的经营方式，提高其经营效率，督促其主动履行自身的绿色责任、经济责任和社会责任，为构建一个良好的社会主义市场经济秩序打下基础。

第五节　国有企业绿色审计评价指标设计

一、国有企业绿色审计评价的指标选取分析

根据国家现行环境保护法律、法规、政策，以及通用的绿色责任考核指标体系，结合国有企业经营管理特征，本书对国有企业绿色审计评估指标进

行了重构。以绿色发展和生态文明建设理念作为评价体系的设计指导思路，这个评估体系中不但对被审计单位的财政财务收支情况予以了考虑，而且对企业履行环境保护责任的情况进行了重点审查，评估指标的选取主要以资源环境审计方面的资料为依据。本书将整个评估指标细分为了三个层次，如图 3-9 所示，归纳起来即总体目标层、分类准则层、具体指导层，同时构建国有企业绿色审计评价指标体系的整体框架，其中总体目标层指的是企业在生态文明建设战略指导下进行绿色发展的目标；分类准则层表示将绿色审计评价指标体系按照不同的维度将评价因素划分为不同的集合；具体指标层指的是采用可测的、可比的、可以获得的指标及指标群，它们是指标体系的最基本要素。

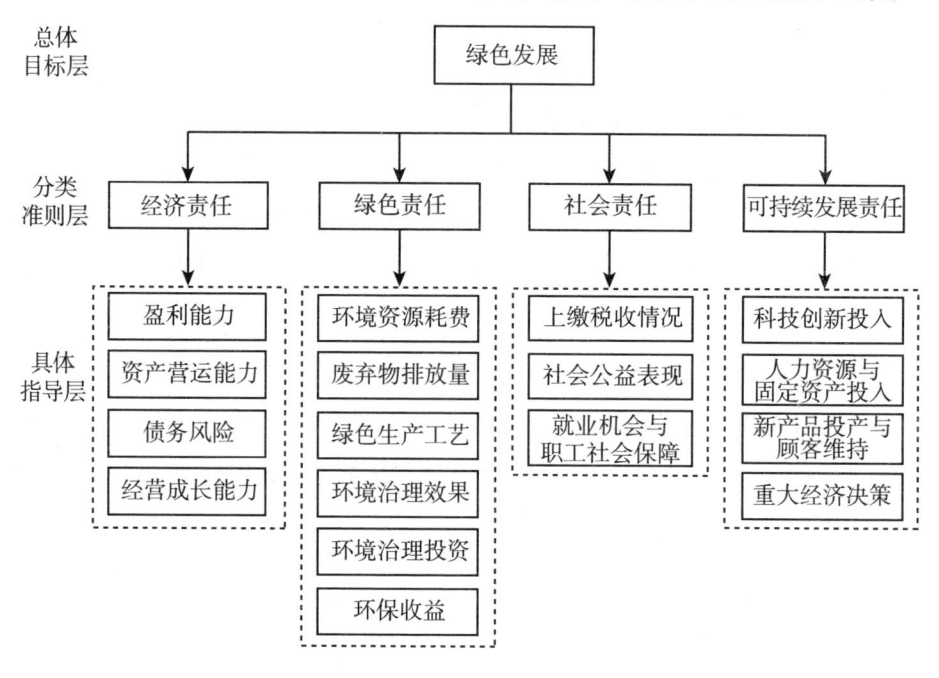

图 3-9 国有企业绿色审计评价指标体系

二、具体指标的设置

正如图 3-9 所呈现的，从四个维度来分析国有企业绿色审计指标的设计，分别是经济责任、绿色责任、社会责任和可持续发展责任。在"绿色"新发展理念的背景下，传统的财务审计或者传统的环境审计内容已远远无法满足绿色审计的要求,后者在前者的基础上将被审计单位的可持续发展能力以及履行社会责任、绿色责任的情况也考虑进去。在过去,审计人员主要是通过定性评价的方式开展单一的经济责任和单一的资源环境审计评估活动,评估指标的设计上,经济责任审计以财务指标和企业内部控制要求为标准,资源环境审计以环境指标为标准,两者互不融合,各自独立。但是,在绿色审计背景下,既要关注财务指标和内部控制,还要选取环境指标,这样才能使整个绿色审计评估体系趋于完整。本书所选取的都是能够客观描述企业履行绿色责任、社会责任以及其可持续发展能力的指标。

(一) 经济责任维度

在经济责任维度上,由于竞争性国有企业生产经营活动的核心目标就是不断进行价值创造,因而可利用竞争性国有企业的历史数据去分析评价该企业领导的经济责任维度指标,即利用企业的财务信息去分析评价其盈利能力、资产营运能力、债务风险以及经营成长能力等。盈利能力指标采用经济增加值(Economic Value Added,EVA),其具体计算指标包括税后净营业利润(Net Operating Profit After Tax,NOPAT)、资本总额(Total Capital,TC)和资本平均加权成本(Weighted Average Cost of Capital,WACC);资产营运能力包含反映企业利润变现状况的净利润现金率以及反映企业销售业务回款能力的现销比率;针对国有企业强调现金流量指标对债务的保证程度这一特点,利用债务保证比率、利息保障倍数和现金流动负债率来评价企业债务风险;经营成长能力包括EVA增长率、主营业务收入增减变动、资本保值增值率、净利润的增减变动情况等现阶段常见指标。绿色审计计量评估体系经济责任维度具体指标计算方法以及相关说明如下:

1. 盈利能力评价

经济增加值(EVA) = 税后净经营利润 - 资本成本

= 税后净经营利润 - 资本总额 × 资本平均加权成本

税后净经营利润(NOPAT) = 税后净利润 + 借款利息支出

资本总额(TC) = 股权资本总额 + 债务资本总额

资本平均加权成本(WACC) = Σ 债券资本比重 × 债券资本成本率 × (1 - 所得税率) + 股权资本比重 × 股权资本成本率

2. 资产营运能力

$$净利润现金率 = \frac{现金流量净额}{净利润} \times 100\%$$

$$现销比率 = \frac{销售商品或提供服务收到的现金}{销售净收入} \times 100\%$$

3. 债务风险状况

$$债务保证比率 = \frac{经营活动净现金流量}{流动负债 + 长期负债} \times 100\%$$

$$利息保障倍数 = \frac{净利润 + 所得税 + 利息费用}{利息费用} \times 100\%$$

$$现金流动负债率 = \frac{经营活动现金净流量}{流动负债} \times 100\%$$

4. 经营成长能力

$$EVA\ 增长率 = \frac{本期\ EVA - 上期\ EVA}{上期\ EVA} \times 100\%$$

$$主营业务收入增减变动率 = \frac{本期主营业务收入 - 上期主营业务收入}{上期主营业务收入} \times 100\%$$

$$资本保值增值率 = \frac{年末所有者权益 - 年初所有者权益}{年初所有者权益} \times 100\%$$

$$净利润增减变动 = \frac{本期净利润 - 上期净利润}{上期净利润} \times 100\%$$

（二）绿色责任维度

国有企业绿色责任就是要求国有企业发展绿色经济，在生产和经营活动中走"低能耗、低污染、低排放"的节能减排道路，为生态文明的建设添砖添瓦。因此，国有企业应按照绿色经济的发展要求进行产业结构调整与转型，通过科技创新，不断强化自身的可持续发展能力，主动承担起绿色责任。目前，有许多指标都能客观地反映出企业尤其是国有企业履行绿色责任的情况，常见的指标有：低碳经济履行情况与环保投资比率指标、固体（或液体）污染物排放降低率指标、单位产出温室气体排放量指标、清洁生产工艺采用率指标、节能减排效果指标、噪声防控效果指标等。为便于国有企业绿色审计综合评价，本书评估实践中所选择的指标主要着眼于绿色生产工艺改良情况、

第三章 国有企业"三维一体"绿色审计系统与评价指标体系的构建

废弃物排放量、企业环境资源消耗量、环境污染治理效果几个方面。其中，以企业生产单位产品的温室气体排放量、废气排放量、固体废弃物排放量为依据评估其废弃物排放情况；以企业生产单位产品消耗的水、电、气等能源为依据评估其环境资源消耗情况；绿色生产工艺改造情况即对现有生产制造过程中使用的工艺路线进行绿色化改造的程度；以企业处理废弃物方式的恰当性以及废弃物达标状况为依据评估其治理环境污染的效果。除了上述传统的绿色责任维度指标外，企业所从事的环境保护活动所涉及的绿色效益也设置在绿色责任维度上，它由两个方面的内容组成：一是环境治理项目资金到位率、环保投资率、环保资金专款专用率等能够客观反映企业环境治理投资情况的因素；二是企业节能减排收益率、环保设施投资收益率、"三废"利用收益等能够反映企业环保收益情况的因素。绿色审计计量评估体系绿色责任维度具体指标计算方法以及相关说明如下：

1. 环境资源耗费指标

$$单位产量能源消耗量 = \frac{期间能源消耗量}{期间总产量} \times 100\%$$

$$单位产量水消耗量 = \frac{期间耗水量}{期间总产量} \times 100\%$$

2. 废弃物排放量指标

$$单位产量温室气体排放量 = \frac{期间温室气体排量}{期间总产量} \times 100\%$$

$$单位产量废水排放量 = \frac{期间废水排量}{期间总产量} \times 100\%$$

$$单位产量固体废弃物排放量 = \frac{期间固体废弃物排量}{期间总产量} \times 100\%$$

3. 绿色生产工艺改造率

$$绿色生产工艺改造率 = \frac{经绿色生产改造工艺路线}{原有工艺路线} \times 100\%$$

4. 环境治理效果指标

$$废水排放达标率 = \frac{废水排放标准量}{实际废水排放总量} \times 100\%$$

$$温室气体排放达标率 = \frac{温室气体排放标准量}{实际温室气体排放总量} \times 100\%$$

$$固体废弃物处置率 = \frac{固体废弃物处置量}{实际固体废弃物生产量} \times 100\%$$

5. 环境治理投资情况

$$环保投资率 = \frac{企业治理环境投资额}{企业总产值} \times 100\%$$

$$环境治理项目资金到位率 = \frac{项目实际投入资金}{项目计划投入资金} \times 100\%$$

$$环保资金专款专用率 = \frac{专款专用实际额}{专款专用计提总额} \times 100\%$$

6. 环保收益情况

$$环保设施投资收益率 = \frac{环保设施收益}{环保设施投资总额} \times 100\%$$

$$节能减排收益率 = \frac{能源节约金额}{节能投入总额} \times 100\%$$

(三) 社会责任维度

在绿色审计中，企业与员工的关系、企业与公众的关系、企业遵守环境法规政策的情况组成了社会责任维度。其中，企业遵守环境法规的情况可以根据以下内容设置相应的指标：一是企业有无排污费的缴纳情况；二是企业办理环保手续的情况；三是企业遵守"三同时"（即同时设计、施工、投产）的情况；四是企业获取排污许可证的情况。企业与员工关系指标的设置依据主要是：企业员工职业病情况和员工工作条件。企业与公众关系指标的设置依据为：企业定期发布环境公告的情况、企业环保公益活动参与率情况。目前，企业社会责任的内涵也随着环保意识和环保投资的增加而发生了较大的变化。总体而言，我们可以从以下几个方面来理解企业负责人所履行的社会责任：第一，企业上缴税收的情况，包括所上缴税收的额度、上缴积极性以及税率随国家经济发展的变化；第二，企业社会公益事业，包括社会公益事业方面投资的人力、物力和精力；第三，企业向员工提供社会保障的情况，如员工工资上涨幅度、企业岗位数量。本书选用上缴税收增长率、社会公益捐赠额、员工工资上涨幅度和岗位数量作为评估国有企业绿色社会责任的指标。

(四) 企业可持续发展责任维度

国有企业在经营战略中，以有限的资源维持自己的核心竞争力和市场份额，并不断扩大利润空间，确保企业的可持续发展。因此，可从科技创新投入指标、人力资源与固定资产投入增加比率、新产品投产率和顾客维持比率以及重大经济决策评价指标四个方面构建评价国有企业可持续发展指标。科技创新投入指标即科技创新投入比率；人力资源与固定资产投入增加比率包括人力资源投入增加比率，该指标有利于审计主体了解国有企业负责人投入了多少资金在人才的引入、培训上，固定资产成新率反映国有企业及其设备更新的速度和可持续发展潜力；顾客维持率反映客户对企业当前产品的认可程度，是企业创造力的综合体现，企业创造现金流量的能力通过新产品投产率体现出来，两者都是对企业可持续发展能力和核心竞争力进行客观评价的重要依据；重大投融资决策失误次数与重大投融资决策损失额则构成了重大经济决策评价指标。

1. 科技创新投入指标

$$\text{科技创新投入比率} = \frac{\text{科研经费投入总额}}{\text{主营业务收入}} \times 100\%$$

2. 人力资源与固定资产投入增加比率

$$\text{人力资源投入增长比率} = \frac{\text{当期人才培训与引进支出增加额}}{\text{上期人才培训与引进支出额}} \times 100\%$$

$$\text{固定资产成新率} = \frac{\text{平均设备净值}}{\text{平均设备原值}} \times 100\%$$

3. 新产品投产率和顾客维持比率

$$\text{顾客维持率} = \frac{\text{原有客户}}{\text{消费人数}} \times 100\%$$

$$\text{新产品投产率} = \frac{\text{新产品投放数}}{\text{所开发产品总数}} \times 100\%$$

4. 重大经济决策评价指标

重大投融资金额占企业总资产10%以上的决策失误次数与损失金额。

从上述四个维度的分类准则层分析，参照国有企业绿色审计评价的原则以及内容，本书所设计的指标如表3-8所示。

表 3-8　国企绿色审计评价指标

分类准则层	分类说明	具体指标层
经济责任维度	盈利能力	经济增加值（EVA）
	资产营运能力	净利润现金率
		现销比率
	债务风险	债务保证比率
		利息保障倍数
		现金流动负债率
	经营成长能力	EVA 增长率
		主营业务收入增减变动率
		资本保值增值率
		净利润的增减变动
绿色责任维度	环境资源耗费	单位产量能源消耗量
		单位产量水消耗量
	废弃物排放量	单位产量废水排放量
		单位产量温室气体排放量
		单位产量固体废弃物排放量
	绿色生产工艺改造	绿色生产工艺改造率
	环境治理效果	废水排放达标率
		温室气体排放达标率
		固体废物处置率
	环境治理投资	环保投资率
		环境治理项目资金到位率
		环保资金专款专用率
	环保收益	环保设施投资收益率
		节能减排收益率
		"三废"回收利用收益率
		能源循环利用收益率

续表

分类准则层	分类说明	具体指标层
社会责任维度	上缴税收情况	上缴税收增长率
	社会公益表现	社会公益捐赠额
	就业机会与职工社会保障	提供就业增长率
		职工收入增长幅度
企业可持续发展责任维度	科技创新投入指标	科技创新投入比率
	人力资源与固定资产投入增加比率	人力资源投入增加比率
		固定资产成新率
	顾客维持率和新产品投产率	顾客维持率
		新产品投产率
	重大经济决策评价	重大投融资决策失误次数
		重大投融资决策损失额

第六节 本章小结

本章主要研究了国有企业"三维一体"绿色审计总体框架与系统的构建，并论述了该系统与企业内部生产经营、环境管理系统的联系，同时指出国有企业"三维一体"绿色审计最终目的是监督与保障国有企业在生产、销售、排放等环节中保护好自然资源和生态环境外部系统。本章还根据现有研究与审计实践，进一步研究了"三维一体"的绿色生产、绿色销售和绿色排放审计子系统的构成要件。第一，生产环节位于国有企业整条供应链的源头，绿色生产责任是否履行完善将直接影响企业的绿色排放责任，也会影响到位于供应链中下游的销售环节的绿色责任履行状况，因此有必要对绿色生产责任加以审计，以保障国有企业从供应链源头履行好绿色责任。实施国有企业绿色生产审计能够倡导绿色生产模式，实施集约化生产，提高资源、能源利用效率，使有限的自然资源得到最大限度的充分、合理利用。第二，绿色销售审计的内容，是以国有企业绿色销售活动为出发点，需要对企业可持续发展与绿色销售审计之间的关系进行梳理和分析，对绿色销售审计职能、审计目标、审计范围、审计流程等方面解析其区别于传统销售审计的特殊属性。基于国有企业的特征，以清单的方式从绿色销售方式、绿色销售政策、绿色销售意识、绿色销售服务为入手点，对国有企业绿色销售审计的内容进行详细的分析。同时，结合国有企业的特征，对绿色销售审计工作的流程和原则进行设计，并在此基础上构建国有企业绿色销售审计体系。第三，企业在生产过程中产生的"工业三废"（废水、固体废弃物与废气）、余热、噪声、光污染等排放物，如果不经过处理都会造成自然资源利用效率低以及破坏生态环境等问题，即未达到履行企业绿色责任的效果、效率和经济性要求。总体而言，本章构建的国有企业"三维一体"绿色审计系统在空间上覆盖企业的生产、销售和"三废"排放等最容易破坏环境的生产经营环节，在时间上将审计关口前移，贯穿事前、事中以及事后审计。本书建立的综合性审计系统涉及企业的环境管理系统、供应链系统、ISO14000系列标准认证，也影响到企业外部的自然资源、生态环境系统，将为未来的研究奠定一定的理论基础。本章构建的国有企业绿色审计计量评价指标体系是一个重要创新点，它是本书审计系统内容中绿色责任履行程度的量化评价。本章第三节首先依据评价原则设置出国有企业绿色审计评价的经济责任、绿色责任、社会责任和企业可持续发展等四个维度的具体指标，然后将目前该领域中常用的几个评价方法进行对比，最后通过层次分析法和模糊综合评价法的结合方法来对绿色责任进行审计评价，该体系具有全面性、整体性、持续性的优点。在各行各业大力发展绿色经济、循环经济的当今，传统财务审计的内容已远远无法满足绿色审计的要求，后者在前者的基础上将被审计单位的可持续发展能力以及履行社会责任、绿色责任的情况也纳入审计和评价范围。在过去，审计人员主要是通过定性评价的方式开展经济责任和资源环境审计评估活动，评估指标也大多是涉及财务的指标，但是在绿色审计背景下，除了要关注财务指标之外，还应该选取一些有关企业环境管理内部控制的指标，这样才能使整个审计评估体系趋于完整。在具体的评估实践中，本章所选取的都是能够客观描述企业履行经济责任、绿色责任、社会责任以及其可持续发展能力的指标。

第四章

国有企业"三维一体"绿色审计的计量分析——以 XA 钢铁公司为例

本书以 XA 钢铁公司为案例研究样本，选取该公司 2013 年开始进行绿色转型发展战略前后各三个年度为窗口期，构建国有企业绿色责任评价指标体系，并利用该体系对样本六年数据的综合评价分值进行分析，以检验本书绿色审计系统模型以及指标设计的科学性、合理性。本章的目的是分析国有企业实行绿色转型发展战略后经济效益、社会效益和绿色效益的变化情况，同时检验绿色审计制度安排对三种效益协同关系的促进作用。

第一节 案例研究样本背景介绍

XAXA 集团旗下的 XA 钢铁公司已经在深证交易所和香港联合交易所挂牌上市，公司目前拥有一整套现代化生产设备，其生产工艺和技术水平均位于世界前茅，在国际市场中拥有较强的竞争力。XA 钢铁公司的主要产品由钢材、钢管以及钢板等组成。公司经过了数十年的发展，其工艺水平和技术生产能力正在逐渐上升，已经拥有大量的知识产权和核心技术。在最近几年中，公司秉承"可持续发展"的思想，坚决实行绿色生产，大力发展低碳经济，主动配合各个环保机构开展一系列的环保事业，并且通过环保技术革新，给公众留下了一个良好的社会形象，也取得了很多环保方面的殊荣。图 4-1

是 XA 公司 2010—2015 年生产与经营情况简要介绍，用于计算和评价案例对象经济责任维度的指标值。

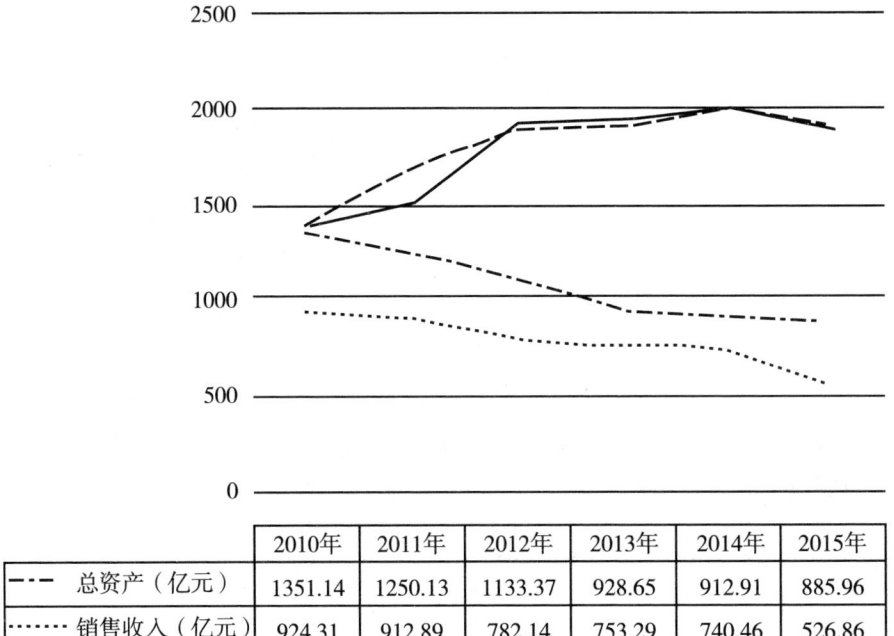

	2010年	2011年	2012年	2013年	2014年	2015年
—·— 总资产（亿元）	1351.14	1250.13	1133.37	928.65	912.91	885.96
······ 销售收入（亿元）	924.31	912.89	782.14	753.29	740.46	526.86
— — 销售量（万吨）	1387.6	1697.6	1887.91	1901.83	1999.21	1910.17
—— 生产量（万吨）	1401.21	1504.31	1909.11	1936.95	2004.96	1892.81

图 4-1　XA 公司 2010—2015 年生产经营情况

自 XA 公司 2013 年实行绿色生产制度之后，公司会定期主动对外披露环保信息，在社会责任的履行上十分主动积极，用自己的实际行动来展现出对低碳经济、环保社会的支持。首先是对新员工进行公司、厂区、作业区、作业班四级安全教育培训，并定期进行绿色生产专项培训。其次是所有建设项目从设计、施工到竣工三阶段保证绿色生产设施的完善，并采用自动监测污染物排放等新技术。此外是完善应急处理机制，制定了《XAXA 钢铁集团公司重特大突发事件应急管理办法》与《特大安全事故应急救援预案》。最后是实施绿色审计与评价，采用定量或定性的方法，对企业作业过程中人的不安全行为、物的不安全状态和管理缺陷等进行评审，查找存在的问题，并制定预防、控制措施，以绿色审计对企业进行绿色转型，在保障经济效益、促进社会效益和提高绿色效益方面取得明显成效。该公司2015年进一步对其经营环节中国家重点监控企业污染物监测信息进行公示，根据年报显示，XA公司实现二氧化硫（SO_2）、氮氧化物（NO_X）、氨氮（NH）以及化学耗氧量（Chemical Qxygen Demand，COD）污染物排放量分别削减22.1%、24.5%、54.7%和78.5%。表4-1是截取企业污染物监测信息的部分数据，用于计算XA公司绿色责任维度的指标。

表4-1 XA公司污染物监测信息截取表

单位	排放口	项目	3月6日	3月7日	3月8日	3月9日	3月10日
炼铁总厂	二烧机头	SO_2（mg/m³）			年修一周		
		NO_X（mg/m³）					
		颗粒物					
	西区A机头	SO_2（mg/m³）	71.51	67.59	64.48	70.18	51.89
		NO_X（mg/m³）	187.39	179.99	180.35	185.20	175.88
		颗粒物	17.61	18.34	18.72	19.29	19.08
	西区B机头	SO_2（mg/m³）	90.17	83.36	79.69	78.98	87.59
		NO_X（mg/m³）	160.39	160.19	158.82	152.04	166.10
		颗粒物	17.51	17.47	17.73	17.83	17.76
	三烧机头	SO_2（mg/m³）	85.29	65.95	71.62	61.54	105.88
		NO_X（mg/m³）	183.91	182.33	174.86	182.69	186.08
		颗粒物	20.02	20.41	20.50	20.48	18.88
	新烧机头	SO_2（mg/m³）	74.33	51.47	63.01	67.39	51.38
		NO_X（mg/m³）	129.06	139.65	119.53	126.36	116.22
		颗粒物	25.81	25.48	25.91	25.70	26.14
能源管控中心	南大沟排水	COD（mg/L）	19.25	20.14	20.98	25.32	23.76
		氨氮（mg/L）	3.63	3.38	3.98	4.14	3.96

为了验证本书构建的国有企业"三维一体"绿色审计系统这一制度安

排下该企业经济效益、社会效益和绿色效益的效率变化情况,选取 XA 公司 2010—2015 年可获取的数据为对其进行绿色审计综合评价体系的应用来源,其中 2010—2012 年该企业并未明确绿色生产、销售和排放制度。本书构建的综合评价指标中所涉及的具体数值从企业年报或环保每周公告中获取。

第二节　模型与指标检验

本书以 XA 公司 2015 年绿色审计综合评价为例,评价 2010—2014 年绿色审计综合得分计算原理与步骤类似。

首先,构建等级评语集。根据不同的审计内容和被审计单位来编写相应的审计评语,按照各个行业的考核标准来为各个类型的指标设计分值。针对一些定性的评价指标,审计工作者可以根据具体的审计内容来划分一个"分值区间",而对于一些需要定量的指标则通过设置"差""一般""较好""很好"这四个层次来进行划分,并且赋予每个层次相应的分值。审计机构在给被审计单位评分时,必须要区别对待定量指标和定性指标,并且需要组建一个审计组来共同评分,确保所给出的评分具有合理性和公正性。

其次,构建判断矩阵得到指标权重。判断各个指标的重要性程度时,要让专门的专家小组来进行意见交流,给出一个汇总结论,并由审计工作者结合被审计企业的实情,根据本书第三章中的表 3-5 和表 3-6 进行赋值。本案例的判断矩阵结果为表 4-2 至 4-18,汇总所得各指标的评价权重见表 4-19。为了节约篇幅,本书省略判断矩阵的一致性检验计算过程,将判断矩阵一致性比例 C.R. 结果直接备注在判断矩阵上方,结果显示本书所有判断矩阵均通过了一致性检验。

第四章 国有企业"三维一体"绿色审计的计量分析——以 XA 钢铁公司为例

表4-2 绿色审计评价判断矩阵表

判断矩阵一致性比例：0.0688

绿色审计评价	经济责任	绿色责任	社会责任	可持续发展责任	W_i
经济责任	1.0000	0.5000	2.0000	2.0000	0.2865
绿色责任	2.0000	1.0000	2.0000	1.0000	0.3407
社会责任	0.5000	0.5000	1.0000	1.0000	0.1703
可持续发展责任	0.5000	1.0000	1.0000	1.0000	0.2026

表4-3 经济责任维度判断矩阵表

判断矩阵一致性比例：0.0144

经济责任维度	盈利能力	资产营运能力	债务风险	经营成长能力	W_i
盈利能力	1.0000	1.0000	0.5000	1.0000	0.1195
资产营运能力	1.0000	1.0000	0.3333	1.0000	0.1045
债务风险	2.0000	3.0000	1.0000	2.0000	0.3075
经营成长能力	1.0000	1.0000	0.5000	1.0000	0.1195

表4-4 绿色责任维度判断矩阵表

判断矩阵一致性比例：0.0439

绿色责任维度	资源环境消耗	废弃物排放量	环境治理效果	绿色生产改造	环境投资	环保收益	W_i
资源环境消耗	1.0000	0.5000	0.3333	1.0000	0.5000	1.0000	0.1542
废弃物排放量	2.0000	1.0000	1.0000	1.0000	0.3333	1.0000	0.2870
环境治理效果	3.0000	1.0000	1.0000	1.0000	2.0000	3.0000	0.3176
绿色生产改造	1.0000	1.0000	1.0000	1.0000	0.5000	1.0000	0.2413
环境投资	2.0000	3.0000	0.5000	2.0000	1.0000	3.0000	0.2441
环保收益	1.0000	1.0000	0.3333	1.0000	0.3333	1.0000	0.1047

表4-5 社会责任维度判断矩阵表

判断矩阵一致性比例：0.0000

社会责任维度	就业与职工	上缴税收	公益表现	W_i
就业与职工	1.0000	1.0000	1.0000	0.3333
上缴税收	1.0000	1.0000	1.0000	0.3333
公益表现	1.0000	1.0000	1.0000	0.3333

表4-6 可持续发展责任维度判断矩阵表

判断矩阵一致性比例：0.0226

可持续发展责任维度	人力资源与固定资产	新产品与顾客	重大经济决策	科技创新	W_i
人力资源与固定资产	1.0000	1.0000	1.0000	1.0000	0.2441
新产品与顾客	1.0000	1.0000	0.5000	1.0000	0.2053
重大经济决策	1.0000	2.0000	1.0000	2.0000	0.3453
科技创新	1.0000	1.0000	0.5000	1.0000	0.2053

表4-7 资产营运能力判断矩阵表

判断矩阵一致性比例：0.0000

资产营运能力	净利润现金率	现销比率	W_i
净利润现金率	1.0000	1.0000	0.5000
现销比率	1.0000	1.0000	0.5000

表4-8 债务风险判断矩阵表

判断矩阵一致性比例：0.0000

债务风险	债务保证比率	利息保障倍数	现金流动负债率	W_i
债务保证比率	1.0000	1.0000	1.0000	0.3333
利息保障倍数	1.0000	1.0000	1.0000	0.3333
现金流动负债率	1.0000	1.0000	1.0000	0.3333

第四章 国有企业"三维一体"绿色审计的计量分析——以 XA 钢铁公司为例

表 4-9 经营成长能力判断矩阵表

判断矩阵一致性比例：0.0000

经营成长能力	EVA 增长率	主营业务收入增减变动	资本保值增值率	净利润的增减	W_i
EVA 增长率	1.0000	1.0000	1.0000	1.0000	0.2500
主营业务收入增减变动	1.0000	1.0000	1.0000	1.0000	0.2500
资本保值增值率	1.0000	1.0000	1.0000	1.0000	0.2500
净利润的增减	1.0000	1.0000	1.0000	1.0000	0.2500

表 4-10 环境治理投资判断矩阵表

判断矩阵一致性比例：0.0000

环境治理投资	环保投资率	环境治理项目资金到位率	环保资金专款专用率	W_i
环保投资率	1.0000	1.0000	1.0000	0.3333
环境治理项目资金到位率	1.0000	1.0000	1.0000	0.3333
环保资金专款专用率	1.0000	1.0000	1.0000	0.3333

表 4-11 环保收益判断矩阵表

判断矩阵一致性比例：0.0226

环保收益	环保设施投资收益率	能源循环利用收益率	节能减排收益率	"三废"回收利用收益率	W_i
环保设施投资收益率	1.0000	1.0000	2.0000	2.0000	0.3407
能源循环利用收益率	1.0000	1.0000	1.0000	2.0000	0.2865
节能减排收益率	0.5000	1.0000	1.0000	1.0000	0.2026
"三废"回收利用收益率	0.5000	0.5000	1.0000	1.0000	0.1703

表 4-12　环境资源消耗判断矩阵表

判断矩阵一致性比例：0.0000

资源环境消耗	单位产量能源消耗量	单位产量水消耗量	W_i
单位产量能源消耗量	1.0000	1.0000	0.5000
单位产量水消耗量	1.0000	1.0000	0.5000

表 4-13　废弃物排放量判断矩阵表

判断矩阵一致性比例：0.0176

废弃物排放量	单位产量废水排放量	单位产量温室气体排放量	单位产量固体废弃物排放量	W_i
单位产量废水排放量	1.0000	0.3333	1.0000	0.2098
单位产量温室气体排放量	3.0000	1.0000	2.0000	0.5499
单位产量固体废弃物排放量	1.0000	0.5000	1.0000	0.2402

表 4-14　环境治理效果判断矩阵表

判断矩阵一致性比例：0.0000

环境治理效果	废水排放达标率	温室气体排放达标率	固体废物处置率	W_i
废水排放达标率	1.0000	0.3333	1.0000	0.2000
温室气体排放达标率	3.0000	1.0000	3.0000	0.6000
固体废物处置率	1.0000	0.3333	1.0000	0.2000

表 4-15　就业与职工情况判断矩阵表

判断矩阵一致性比例：0.0000

就业与职工情况	职工收入增长幅度	提供就业增长率	W_i
职工收入增长幅度	1.0000	1.0000	0.5000
提供就业增长率	1.0000	1.0000	0.5000

第四章 国有企业"三维一体"绿色审计的计量分析——以XA钢铁公司为例

表4-16 人力资源与固定资产情况判断矩阵表

判断矩阵一致性比例：0.0000

人力资源与固定资产情况	人力资源投入增加比率	固定资产成新率	W_i
人力资源投入增加比率	1.0000	1.0000	0.5000
固定资产成新率	1.0000	1.0000	0.5000

表4-17 新产品与顾客情况判断矩阵表

判断矩阵一致性比例：0.0000

新产品与顾客情况	顾客维持率	新产品投产率	W_i
顾客维持率	1.0000	1.0000	0.5000
新产品投产率	1.0000	1.0000	0.5000

表4-18 重大经济决策判断矩阵表

判断矩阵一致性比例：0.0000

重大经济决策	重大投融资决策失误次数	重大投融资决策损失额	W_i
重大投融资决策失误次数	1.0000	1.0000	0.5000
重大投融资决策损失额	1.0000	1.0000	0.5000

表4-19 绿色审计评价指标权重汇总表

一级指标	一级指标权重	二级指标	二级指标权重	三级指标	三级指标权重
经济责任维度	0.2865	盈利能力	0.0299	经济增加值（EVA）	0.0299
		资产营运能力	0.0343	净利润现金率	0.0171
				现销比率	0.0171
		债务风险	0.0299	债务保证比率	0.0100
				利息保障倍数	0.0100
				现金流动负债率	0.0100
		经营成长能力	0.0343	EVA增长率	0.0086
				主营业务收入增减变动	0.0086
				资本保值增值率	0.0086
				净利润的增减	0.0086

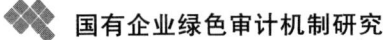

续表

一级指标	一级指标权重	二级指标	二级指标权重	三级指标	三级指标权重
绿色责任维度	0.3407	环境资源耗费	0.0525	单位产量能源消耗量	0.0263
				单位产量水消耗量	0.0263
		废弃物排放量	0.0978	单位产量废水排放量	0.0205
				单位产量温室气体排放量	0.0538
				单位产量固体废弃物排放量	0.0235
		绿色生产工艺改造	0.0822	绿色生产工艺改造率	0.0822
		环境治理效果	0.1082	废水排放达标率	0.0216
				温室气体排放达标率	0.0649
				固体废物处置率	0.0216
		环境治理投资	0.0699	环保投资率	0.0233
				环境治理项目资金到位率	0.0233
				环保资金专款专用率	0.0233
		环保收益	0.0881	环保设施投资收益率	0.0300
				节能减排收益率	0.0178
				"三废"回收利用收益率	0.0150
				能源循环利用收益率	0.0252
社会责任维度	0.1703	上缴税收情况	0.0568	上缴税收增长率	0.0568
		社会公益表现	0.0568	社会公益捐赠额	0.0568
		就业机会与职工社会保障	0.0568	提供就业增长率	0.0284
				职工收入增长幅度	0.0284

续表

一级指标	一级指标权重	二级指标	二级指标权重	三级指标	三级指标权重
企业可持续发展责任维度	0.2026	科技创新投入指标	0.0416	科技创新投入比率	0.0416
		人力资源与固定资产投入增加比率	0.0495	人力资源投入增加比率	0.0247
				固定资产成新率	0.0247
		新产品投产率和顾客维持比率	0.0416	顾客维持率	0.0208
				新产品投产率	0.0208
		重大经济决策评价	0.0699	重大投融资决策失误次数	0.0350
				重大投融资决策损失额	0.0350

再次，邀请相关专家（本次研究邀请了10位专业人员，有注册会计师、会计人员、环境专家以及企业管理者等）来评估公司绿色责任、经济责任、社会责任以及企业可持续发展责任的履行情况，并确认各个指标等级。将所有专家的评估结果进行汇总，确认各个评价指标相应的评价等级隶属度，再根据表4-20推导出模糊评价矩阵。

表4-20 绿色审计专家评价汇总表

指标分类	具体指标	隶属度			
		很好	较好	一般	差
盈利能力	经济增加值（EVA）	0.6	0.2	0.1	0.1
资产营运能力	净利润现金率	0.1	0.5	0.3	0.1
	现销比率	0.4	0.3	0.2	0.1
债务风险	债务保证比率	0.3	0.3	0.4	0
	利息保障倍数	0.2	0.4	0.2	0.2
	现金流动负债率	0.2	0.3	0.3	0.2

续表

指标分类	具体指标	隶属度			
		很好	较好	一般	差
经营成长能力	EVA增长率	0	0.4	0.4	0.2
	主营业务收入增减变动	0.2	0.5	0.2	0.1
	资本保值增值率	0.4	0.3	0.3	0
	净利润的增减	0	0.5	0.3	0.2
环境治理投资	环保投资率	1	0	0	0
	环境治理项目资金到位率	1	0	0	0
	环保资金专款专用率	1	0	0	0
环保收益	环保设施投资收益率	0.8	0.2	0	0
	节能减排收益率	0.8	0.1	0.1	0
	"三废"回收利用收益率	0.5	0.3	0.2	0
	能源循环利用收益率	1	0	0	0
环境资源耗费	单位产量能源消耗量	0.8	0.2	0	0
	单位产量水消耗量	0.9	0.1	0	0
废弃物排放量	单位产量废水排放量	0.9	0.1	0	0
	单位产量温室气体排放量	1	0	0	0
	单位产量固体废弃物排放量	0.8	0.1	0.1	0
绿色生产工艺改造	绿色生产工艺改造率	0.8	0.2	0	0
环境治理效果	废水排放达标率	0.9	0.1	0	0
	温室气体排放达标率	1	0	0	0
	固体废物处置率	1	0	0	0
上缴税收情况	上缴税收增长率	0.6	0.2	0.1	0.1
社会公益表现	社会公益捐赠额	0.4	0.2	0.2	0.2
就业机会与职工社会保障	提供就业增长率	0.5	0.3	0.2	0
	职工收入增长幅度	0.6	0.1	0.2	0.1
科技创新投入指标	科技创新投入比率	0.8	0.2	0	0
人力资源与固定资产投入增加比率	人力资源投入增加比率	0.7	0.2	0.1	0
	固定资产成新率	0.5	0.4	0.1	0

第四章 国有企业"三维一体"绿色审计的计量分析——以 XA 钢铁公司为例

续表

指标分类	具体指标	隶属度			
		很好	较好	一般	差
新产品投产率和顾客维持比率	顾客维持率	0.1	0.9	0	0
	新产品投产率	0	0.2	0.5	0.3
重大经济决策评价	重大投融资决策失误次数	1	0	0	0
	重大投融资决策损失额	1	0	0	0

最后，计算综合评价结果，下列公式中 B_i（$i=1$，2，3，4）分别从经济责任、绿色责任、社会责任以及企业可持续发展责任四个维度计算其模糊评价矩阵，W_i 为相对应的权重向量，B 为综合评价模糊矩阵，A 为绿色审计综合评价得分。

$$B_1 = W_1 R_1 = \begin{pmatrix} 0.0299 \\ 0.0171 \\ 0.0171 \\ 0.0100 \\ 0.0100 \\ 0.0100 \\ 0.0086 \\ 0.0086 \\ 0.0086 \\ 0.0086 \\ 0.0233 \\ 0.0233 \\ 0.0233 \\ 0.0300 \\ 0.0178 \\ 0.0150 \\ 0.0252 \end{pmatrix}^T \times \begin{pmatrix} 0.6 & 0.2 & 0.1 & 0.1 \\ 0.1 & 0.5 & 0.3 & 0.1 \\ 0.4 & 0.3 & 0.2 & 0.1 \\ 0.3 & 0.3 & 0.4 & 0 \\ 0.2 & 0.4 & 0.2 & 0.2 \\ 0.2 & 0.3 & 0.3 & 0.2 \\ 0 & 0.4 & 0.4 & 0.2 \\ 0.2 & 0.5 & 0.2 & 0.1 \\ 0.4 & 0.3 & 0.3 & 0 \\ 0 & 0.5 & 0.3 & 0.2 \\ 1 & 0 & 0 & 0 \\ 1 & 0 & 0 & 0 \\ 1 & 0 & 0 & 0 \\ 0.8 & 0.2 & 0 & 0 \\ 0.8 & 0.1 & 0.1 & 0 \\ 0.5 & 0.3 & 0.2 & 0 \\ 1 & 0 & 0 & 0 \end{pmatrix} = [0.1795 \quad 0.0566 \quad 0.0356 \quad 0.0147]$$

$$B_2 = W_2 R_2 = \begin{Bmatrix} 0.0263 \\ 0.0263 \\ 0.0205 \\ 0.0538 \\ 0.0235 \\ 0.0822 \\ 0.0216 \\ 0.0649 \\ 0.0216 \end{Bmatrix}^T \times \begin{Bmatrix} 0.8 & 0.2 & 0 & 0 \\ 0.9 & 0.1 & 0 & 0 \\ 0.9 & 0.1 & 0 & 0 \\ 1 & 0 & 0 & 0 \\ 0.8 & 0.1 & 0.1 & 0 \\ 0.8 & 0.2 & 0 & 0 \\ 0.9 & 0.1 & 0 & 0 \\ 1 & 0 & 0 & 0 \\ 1 & 0 & 0 & 0 \end{Bmatrix} = [0.3075 \quad 0.0309 \\ 0.0024 \quad 0.0000]$$

$$B_3 = W_3 R_3 = \begin{Bmatrix} 0.0568 \\ 0.0568 \\ 0.0284 \\ 0.0284 \end{Bmatrix}^T \times \begin{Bmatrix} 0.6 & 0.2 & 0.1 & 0.1 \\ 0.4 & 0.2 & 0.2 & 0.2 \\ 0.5 & 0.3 & 0.2 & 0 \\ 0.6 & 0.1 & 0.2 & 0.1 \end{Bmatrix} = [0.0880 \quad 0.341 \\ 0.0284 \quad 0.0199]$$

$$B_4 = W_4 R_4 = \begin{Bmatrix} 0.0416 \\ 0.0247 \\ 0.0247 \\ 0.0208 \\ 0.0208 \\ 0.0350 \\ 0.0350 \end{Bmatrix}^T \times \begin{Bmatrix} 0.8 & 0.2 & 0 & 0 \\ 0.7 & 0.2 & 0.1 & 0 \\ 0.5 & 0.4 & 0.1 & 0 \\ 0.1 & 0.9 & 0 & 0 \\ 0 & 0.2 & 0.5 & 0.3 \\ 1 & 0 & 0 & 0 \\ 1 & 0 & 0 & 0 \end{Bmatrix} = [0.1350 \quad 0.0460 \\ 0.0153 \quad 0.0062]$$

$$B = \begin{Bmatrix} 0.1795 & 0.0566 & 0.0356 & 0.0147 \\ 0.3075 & 0.0309 & 0.0024 & 0.0000 \\ 0.0880 & 0.0341 & 0.0284 & 0.0199 \\ 0.1350 & 0.0460 & 0.0153 & 0.0062 \end{Bmatrix}$$

$$A = [0.7100 \quad 0.1675 \quad 0.0817 \quad 0.0408] \times \begin{Bmatrix} 90 \\ 80 \\ 70 \\ 60 \end{Bmatrix} = 86.6910$$

本次绿色审计综合评价得分为 86.6910 分，反映出 XA 公司 2015 年综合评价为"较好";通过矩阵可以进一步从四个维度入手进行分析,XA公司作为国有企业,其责任人绿色责任于2015年的履行情况属于"较好",包含了绿色效益在内的经济责任履行情况为"很好",社会责任和企业可持续发展也为"较好";分析其可能的原因是该企业作为钢压延加工行业属于国民经济宏观调控中需要"去产能"行业,于是经济效益的增长有所放缓,然而其节能减排的效果显著,因此生产资料的循环利用率提高,另外绿色效益促进的劳动生产率上升,两者共同影响该企业2015年绿色责任履行情况。

第三节　案例研究分析结论

一、国有企业"三维一体"绿色审计综合评分分析

根据上述运用AHP—模糊综合评价的模型,本书对XA公司2010—2015年绿色审计指标综合评价得分结果汇总如图4-2所示。从图中可以看出,除了窗口期第一年(2010年得分为75.245分)之外,企业绿色审计综合评价得分走势是呈现上升趋势的。2011—2012年综合评价分别是68.423分和69.853分,变化幅度较小,究其原因是2012年之前绿色责任维度和企业可持续发展责任维度的评价值非常低,而自2010年起经济责任维度和社会责任维度都有较大幅度下降。在2013年以后的年份里,企业可持续发展成本责任维度呈现平稳的上升趋势,2013—2015年,XA公司综合评价系数分别为81.543分、82.832分和86.691分,这表明企业虽然处于钢铁锻造行业的低谷期,但是由于企业实行绿色发展战略、走可持续发展之路并通过绿色审计作为制度保障,在总体上提高了经济产出的效果,同时又因为环境友好型生产、销售和排放的经营环节,在兼顾经济效益的前提下满足了社会效益与绿色生态效益。

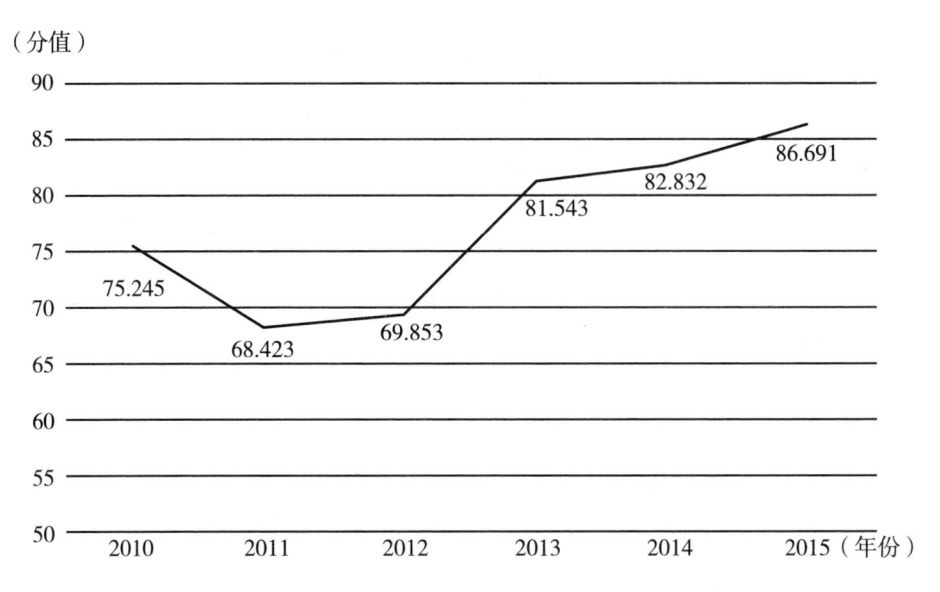

图 4-2　XA 钢铁公司 2010—2015 年绿色审计综合得分走势

二、国有企业"三维一体"绿色审计分项评分分析

图 4-3 是对国企"三维一体"绿色审计中经济责任、绿色责任、社会责任和企业可持续发展责任的履行情况评价。从图中可以看出，2010—2015年这六年的发展历程中，第一，绿色责任维度的评分值波动较大，得分从65.423 分上升到 88.962 分，呈现出较强的继续上涨趋势，这表明企业已经意识到绿色发展战略的价值所在，凭借自身对劳动生产率提高、环境友好型产品销量的追求而主动积极地合理开采资源与保护环境。第二，经济责任维度的评价值在 2010—2012 年处于下降阶段，在 2012 年达到最低分 75.324分，显然是受到钢铁行业下行周期、"去产能"政策的消极影响，而在 2013年出现拐点逐渐上升。第三，社会责任维度则在 2014 年以前的变化与经济责任维度得分趋同，这是因为税收上缴、社会公益、职工保障等构成企业社会责任维度的指标与企业的经济收入关联性较强，而随着企业在向环境友好型经营转型时向社会提供了更多的就业机会，所以在 2014 年与 2015 年的得分与经济责任维度得分趋同情况有所差异。第四，企业可持续发展责任则在2013 年之后一直处于平稳上升趋势，从 60.743 分上升至 86.956 分，具体原因是在绿色审计的监督下，钢铁企业净化设备等固定资产投入较高，而且处

理废水、废气、废料等污染物采用的技术需要经常性维护和更新，因此企业可持续发展维度指标得分稳步上升。

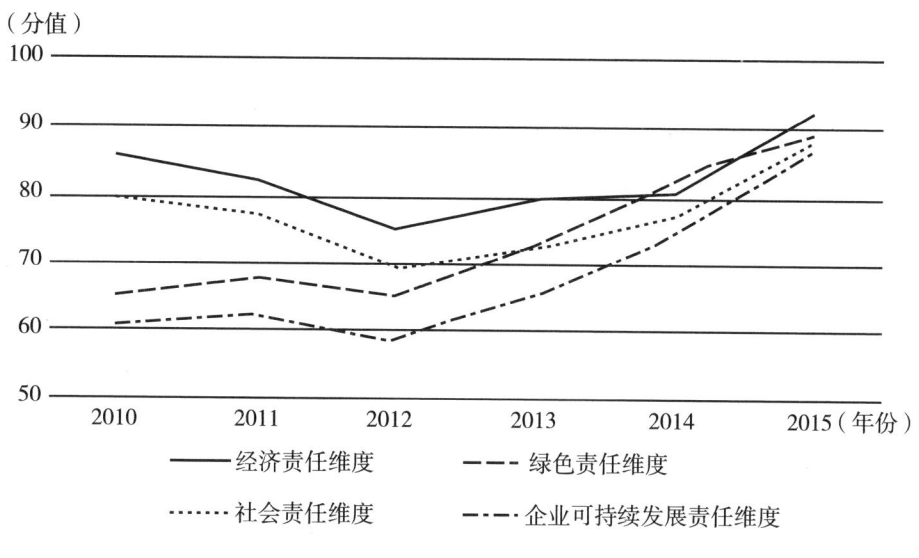

（分值）

图 4-3　2010—2015 年绿色审计评价子维度得分走势

三、经济效益、社会效益和绿色效益协同分析

本书进一步利用图 4-4 来考察绿色审计对国有企业经济效益、社会效益和绿色效益三者协同关系的影响。如图所示，在 2013 年以前企业经济效益降低的趋势之下，2010 年中经济责任维度、社会责任维度与绿色责任维度几乎没有重合面积，将企业可持续发展责任这一得分值最低的维度纳入分析后，可以发现企业经济效益、社会效益和绿色效益之间产生了更大面积的分离。这一结论说明，国有企业绿色审计综合评价体系能够有效且准确地检验出企业是否存在单纯追逐经济利益而不顾绿色责任的行为。2011—2012 年，图中虽然出现了较大的面积重合，然而，这是由于企业受到行业周期下行、"去产能"政策、消费者偏好于"绿色产品"等外生变量的影响导致的趋同，并非企业在绿色审计制度安排下经济效益、社会效益和绿色效益三者的协同。2013 年之后，企业进行绿色转型，并在包括生产、销售与排放在内的经营环节引入"三维一体"绿色审计予以制度保障，可以从图中发现企业经济效益出现拐点的同时其社会效益与绿色效益也在提高，于 2015 年三者的协同关系

达到 90 分上下的较高水平。

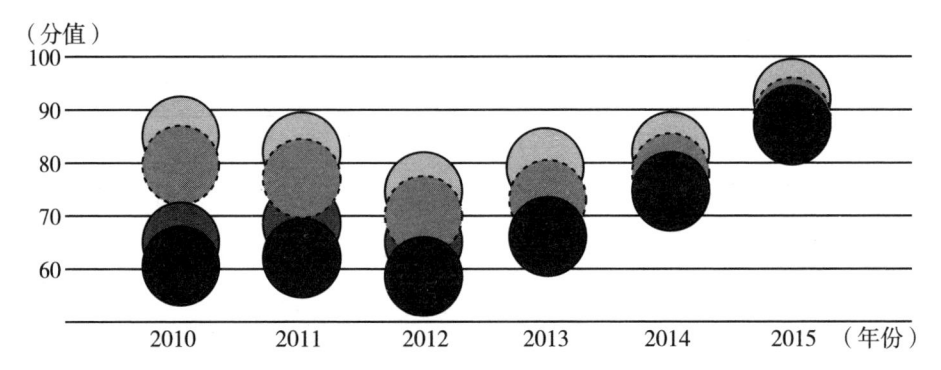

（分值）

2010　2011　2012　2013　2014　2015　（年份）

● 经济责任维度　● 绿色责任维度　● 社会责任维度　○ 企业可持续发展责任维度

图 4－4　2010—2015 年子维度得分协同

总体来说，XA 公司虽然处于钢铁锻造行业下行周期，但是由于企业实行绿色发展战略、走可持续发展之路并通过绿色审计作为制度保障，在总体上提高了经济产出的效果，同时又因为环境友好型生产、销售和排放的经营环节，在兼顾经济效益的前提下满足了社会效益与绿色生态效益。绿色审计作为一项制度安排，能够有效减少企业单纯追逐经济利益而不顾绿色责任的机会主义行为，促进企业将经济效益、社会效益和绿色效益进行统筹兼顾。

第四节　本章小结

本章选择一家大型钢铁行业国有企业作为"三维一体"绿色审计计量评估应用对象，详细地介绍了该评价体系的流程与步骤，并计算出案例对象 2010—2015 年国有企业"三维一体"绿色审计的综合评分与四大维度分别的得分情况。根据案例的评价结果可知，企业虽然处于行业的低谷期，但是由于企业实行绿色发展战略、走可持续发展之路在总体上提高了经济产出的效果，同时因为环境友好型生产、销售和排放的环节，在兼顾经济效益的前提下满足了社会效益与绿色生态效益。这一结论说明，审计作为企业进行绿色转型的制度保障促进企业将经济效益、社会效益以及绿色生态效益统一兼顾。

第五章 现行国有企业绿色审计制度依据、主要缺陷与原因

20世纪70年代初，中国参加了联合国举办的第一次人类环境会议。之后，在1973年制定了《关于保护和改善环境的若干规定（试行草案）》，在1989年《环境保护法》颁布之前，一直发挥了环境保护基本法的作用。1978年，环境保护纳入我国宪法：国家保护环境和自然资源，防治污染和其他公害。20世纪80年代中期，厂长承包责任制在全国推行，经济责任审计顺势而生，这也是研究国有企业绿色审计的历史渊源之一。1994年颁布的《审计法》，标志着中国审计工作正式进入法制化轨道。随后，在国务院出台的《中国21世纪议程优先项目计划》中将环境资源保护列为21世纪重点发展项目，并构建了有关中国资源环境绿色审计的初步框架，中国政府开始对绿色审计事业引起足够的重视。1998年，国家审计署为了进一步加强环境审计，专门设立了农业与资源环保审计司，该机构的主要工作是对各级政府的资源能源环境项目、环保资金进行审计，为地方审计机关开展各类环保审计业务和能源资源审计工作提供指导，并且在同年对"三河三湖""两控区"和"重点防护林建设工程"等工程进行了审计。[1] 进入21世纪，亚洲各国联合成立了环境审计委员会，并由中国政府担任该委员会的主席，这反映了中国

---

[1] 潘煜双，李云. 中国环境审计的经济学研究述评：基于国内1997—2008年研究的分析 [J]. 财会通讯，2010（33）：65—68.

绿色审计活动已经进入到一个全新的发展阶段。2000年，中国政府开始对天然林环保专项资金进行审计。2003年，隶属于国家审计署的环境审计协调小组正式成立，该小组成员主要由各个环境资源方面的专家组成，其主要工作是对涉及环境资源方面的各个项目绿色责任进行审计，这也标志着绿色审计职能的进一步拓展。随后中国政府赋予了国家审计署更多的职责，将其工作范围扩大到水环境、土地资源、矿产资源、工程建设以及大气环境等环保领域。

在2006年底的国家审计署工作会议上，环境审计协调领导小组提出要进一步加强有关资源环境审计的七个方面，并指出要强化各级环保部门的职能，并且会加强对其责任履行的评估；在审计资源环境时要将重点转移到各个领导干部经济责任的履行上来；提高资源环境审计在社会、经济上的影响力等。2008年，国家审计署结合中国的实际情况，出台了《2008至2012年审计工作发展规划》，首次对"资源环境审计"进行了明确定义，中国绿色审计体系已经初步形成，并且反映了中国政府对环境资源审计工作的重视程度，其中明确指出中国要在2013年前建立起一个有关资源环境审计的评价系统，它是研究国有企业绿色审计在发展过程中的一座"里程碑"，也是研究国有企业绿色审计的历史渊源的重要组成部分。2009年，审计署颁布了《关于强化资源环境审计工作的意见》，表明中国政府要建立起完善的绿色审计体系的决心。2010年，中国政府修订并实施了《中华人民共和国审计法实施条例》，财政部、审计署、中国证券监督管理委员会、中国银行业监督管理委员会、中国保险监督管理委员会联名出台了《企业内部控制应用指引第4号——社会责任》，很大程度上推动了中国企业绿色审计事业的发展。[①] 2017年，中共中央办公厅、国务院办公厅印发《领导干部自然资源资产离任审计规定（试行）》，再次强调了环境资源审计工作的紧迫性和重要性，反映出中国政府对绿色审计事业的高度重视和全新展望。

---

① 《国家利益保护导向的中国环境审计体系创新研究》课题组，李璐. 国家利益保护导向的中国环境审计体系创新研究的初纲[J]. 会计论坛，2012（2）：87—96.

第一节 国有企业绿色审计现行制度依据

一、宪法

宪法作为中国根本大法是各项法律法规的基础所在，它不但对中国公民基本权利、应尽义务进行了规定，还要求其他法律不得和它有任何抵触。在宪法中有关资源、审计、环境等内容相关的规定是中国现行资源法、环境法、审计法的主要立法依据。正是因为宪法在中国法律中的重要地位，在开展绿色审计工作时必须要按照宪法中的具体规定来进行，一切违背宪法精神的行为都是违宪的。《宪法》第26条第1款规定，"国家保护和改善生活环境和生态环境、防治污染和其他公害"。《宪法》第9条规定，"矿藏、水流、森林、山坡、草原、荒地、滩涂等自然资源，都属于国家所有，即全民所有……国家保障自然资源的合理利用，保护珍贵的动物和植物。禁止任何组织或者个人用任何手段侵占或者破坏自然资源"。这些条款规定了国家环境保护的总体政策，是研究国有企业绿色审计的依据和基础。《宪法》第51条规定："中华人民共和国公民在行使自由和权利的时候，不得损害国家的、社会的、集体的利益和其他公民的合法的自由和权利。"这一规定给国有企业绿色审计的经济学研究中界定国有企业环境权利和环境义务提供了有利的保障。与国有企业既享有环境权又必须依法行使环境权是一致的。《宪法》第22条第2款规定："国家保护名胜古迹、珍贵文物和其他重要历史文化遗产。"《宪法》第26条第2款规定："国家组织和鼓励植树造林，保护林木。"这些条款都为具体的绿色审计判断标准的确立奠定了基础。

二、法律法规

《环境保护法》是中国环境保护的基本法律，是为了更好地改善环境、保护环境、防止污染、保障公民健康、促进可持续发展、推动中国生态文明建设而制定的法律。《环境保护法》于1989年正式推出，在2014年4月进行了修订。经过修订后的《环境保护法》再次强调了基本法的重要地位，并将"生态文明建设理念"添加到其纲领性条款中，为今后资源环境，也为国有企业绿色审计的研究理清了思路。经过修订的《环境保护法》在环境监管、改善、保护、治理环境污染以及法律责任等内容上进行了更新，并且在立法理念、法律原则等方面进行了突破，将环境保护规划的权威性展现出来，为国有企业绿色审计的研究提供了重要的理论渊源。除此之外，环境保护还有一些单行法。单行法是指针对某一具体行为而制定的，为了针对环境保护关系中某些特殊问题而制定的环境保护单行法主要有：《海洋环境保护法》《大气污染防治法》《清洁生产促进法》《环境噪声污染防治法》《固体废物污染环境防治法》《建设项目环境保护管理条例》等。环境保护的基本法以及单行法律法规构成了研究国有企业绿色审计时环境责任界定的判断标准。2016年颁布，2018年实施的《环境保护税法》既是研究国有企业绿色审计经济责任的依据也是环境责任的判断标准。

在与国有企业绿色责任预算、核算、审计相关的法律法规中，《预算法》规范了国有企业全口径预算要求，《会计法》、会计准则是进行绿色核算的依据，国有资产管理方面的法律法规是国有企业生产经营过程必须遵循的法定要求，也是国有企业绿色审计界定经济责任的判断标准。《审计法》《国家审计准则》是研究国有企业绿色审计中审计行为依据。《中国注册会计师审计准则第1631号——财务报表审计中对环境事项的考虑》中首次明确规定了审计人员判断企业履行绿色责任的标准。

三、国际环境保护条约与公约

国际环境保护条约与公约指的是和环境保护有关的国际条约、公约或议定书等，它是开展跨国性企业绿色审计活动的主要依据。世界各国为了保护生态环境、濒危动植物而制定了一系列的国际公约，这些规定也是研究国有企业绿色审计的重要法律依据。目前，中国缔结的国际环境保护条约、公约如表5-1所示，[①] 覆盖海、陆、空三个层次的资源利用、环境保护、污染处理等领域。

---

① 数据来源生态环境部国际合作司网站 [EB/OL] [2019-08-15]. 2015-05-16，http://gjs.mee.gov.cn/gjhjhz/index.htm.

第五章 现行国有企业绿色审计制度依据、主要缺陷与原因

表5-1 中国已缔结的国际环境保护条约、公约表

序号	条约、公约名称	主要内容
1	《巴塞尔公约》	控制危险废物越境转移及其处置
2	《巴塞尔公约》修正案	控制危险废物越境转移及其处置
3	《伦敦准则》	化学品国际贸易资料交换
4	《鹿特丹公约》	国际贸易中对某些危险化学品和农药采用事先知情同意程序
5	《作业场所安全使用化学品公约》	化学品的安全使用
6	《化学制品在工作中的使用安全公约》	化学品的安全使用
7	《化学制品在工作中的使用安全建议书》	化学品的安全使用
8	《维也纳公约》	保护臭氧层
9	《蒙特利尔议定书》	消耗臭氧层物质
10	《联合国气候变化框架公约》	应对全球气候变暖给人类经济和社会带来不利影响
11	《京都议定书》	将大气中的温室气体含量稳定在一个适当的水平
12	《生物多样性公约》	保护和维持生物的多样性
13	《国际植物新品种保护公约》	保护植物新品种
14	《国际遗传工程和生物技术中心章程》	促进遗传工程和生物技术
15	《国际重要湿地公约》	保护水禽栖息地
16	《联合国防治荒漠化公约》	预防和治理沙漠化
17	《濒危野生动植物物种国际贸易公约》	保护野生动物
18	《濒危野生动植物物种国际贸易公约》修正案	保护野生动物
19	《国际热带木材协定》(1983)	提供世界木材贸易合作框架
20	《国际热带木材协定》(1994)	提供世界木材贸易合作框架
21	《联合国海洋法公约》	保护公海生物资源与渔业
22	《国际油污损害民事责任公约》	界定油污民事责任

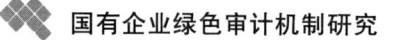

续表

序号	条约、公约名称	主要内容
23	《国际油污损害民事责任公约议定书》	界定油污民事责任
24	《国际干预公海油污事故公约》	提供油污事故干预办法
25	《干预公海非油类物质污染议定书》	提供非油污事故干预办法
26	《国际油污防备、反应和合作公约》	提供油污事故应急反应办法
27	《防止倾倒废物及其他物质污染海洋公约》	防止海洋倾废
28	《逐步停止工业废弃物的海上处置问题的决议》	防止海洋倾废
29	《海上焚烧问题的决议》	防止海洋焚烧污染
30	《海上处置放射性废物的决议》	防止海洋放射性污染
31	《国际防止船舶造成污染公约》	防止船舶污染
32	《国际防止船舶造成污染公约的1978年议定书》	防止船舶污染
33	《国际捕鲸管制公约》	保护海洋渔业资源
34	《养护大西洋金枪鱼国际公约》	保护海洋渔业资源
35	《中白令海峡鳕养护与管理公约》	保护海洋渔业资源
36	《跨界鱼类种群和高度洄游鱼类种群的养护与管理协定》	保护海洋渔业资源
37	《亚洲—太平洋水产养殖中心网协议》	保护海洋渔业资源
38	《及早通报核事故公约》	核污染防治
39	《核事故或辐射紧急援助公约》	核污染防治
40	《核安全公约》	核污染防治
41	《核材料实物保护公约》	核污染防治
42	《南极条约》	针对南极的特殊保护
43	《关于环境保护的南极条约议定书》	针对南极的特殊保护
44	《保护世界文化和自然遗产公约》	保护自然和文化遗产
45	《禁止和防止非法进出口文化财产和非法转让其所有权的方法的公约》	保护自然和文化遗产

续表

序号	条约、公约名称	主要内容
46	《经济、社会和文化权利国际公约》	规定环境权利
47	《公民权利和政治权利国际公约》	规定环境权利
48	《各国探索和利用包括月球和其他天体在内外层空间活动的原则条约》	地球外资源开发利用
49	《卡塔赫纳生物安全议定书》	转基因生物体的保护措施
50	《卡塔赫纳生物安全议定书关于赔偿责任与补救的名古屋-吉隆坡补充议定书》	转基因生物体的保护措施
51	《生物多样性公约关于获取遗传资源和公正和公平分享其利用所产生惠益的名古屋议定书》	规定利用遗传资源的义务
52	《关于汞的水俣公约》	控制生产、使用和排放中的汞污染问题

四、具体的环境标准制度

环境标准的主要特点是其具有强制性、公益性和科学技术性，它是保障公民健康、维护生态环境的基本要求，也是开展国有企业绿色审计工作的首要依据，它不仅能够用来评估各项环境资源法律法规是否得到有效实施，也能够用来判断各个企业的生产经营方式是否会对生态环境造成危害。在世界各国越来越重视环境问题的今天，国际环境质量体系已经逐渐得到了各国的普遍接受，这也为绿色审计发展提供了新契机。目前，最重要的几大环境标准有国际环境管理体系标准 ISO14001、ISO50001 能源管理标准以及生态管理审核计划等。[①] 除了国际性环境标准体系之外，环境标准制度包含了国家环境标准样品标准、国家污染物排放标准、国家环境质量标准以及国家环境监测方法标准等内容的环境保护标准系统。当下，中国法律上的几大环境质量标准有《生活饮用水卫生标准》《大气环境质量标准》《钢铁工业污染物排放标准》等，表 5-2 覆盖了水、大气、生态、土壤环境及噪声、固体废弃物和

---

① Hepler J A, Neumann C. Enhancing compliance at Department of Defense Facilities: Comparison of Three Environmental Audit Tools. [J]. Journal of Environmental Health, 2003, 65 (8): 17—25.

核污染等领域。

表 5-2 我国环境标准制度内容

序号	标准类型	具体标准
1	水环境保护类	水环境质量标准
2		水污染排放标准
3		水检测规范、方法标准
4	大气环境保护类	大气环境质量指标
5		大气固定源污染排放标准
6		大气移动源污染物排放标准
7		大气监测规范、方法标准
8	环境噪声与振动类	声环境质量标准
9		环境噪声排放标准
10		噪声检测规范方法标准
11	土壤环境保护类	土壤环境质量标准
12		土壤检测规范方法标准
13	固体废物与化学品环境污染控制类	固体废物污染控制标准
14		危险废物鉴别方法标准
15		固体废物监测方法标准
16	核辐射与电磁辐射环境保护类	电磁辐射标准
17		放射性环境标准
18		相关监测方法标准
19	生态环境保护类	生物多样性、生物遗传等监测和评价标准
20	环境影响评价类	建设项目竣工环境影响评价内容、技术标准
21	其他环境保护类	清洁生产标准
22		环境标志产品标准
23		环境保护产品技术要求
24		环境保护工程技术规范
25		环境保护信息标准
26	污染防治技术政策类	生态环境部门公告

第二节 现存制度主要缺陷

尽管国有企业绿色审计在制度建设与实施推行上取得了初步成效,但距离构建完善体系还需要进一步的研究,还需要在制度建设上继续安排配套的实施措施。主要表现形式就是国有企业绿色审计在法律法规、实施细则、指导意见方面存在一定缺陷,[①] 其中法律、法规、部门规章等是制度的主体部分具有相对稳定性的特征,这类制度主要问题表现为:绿色审计法规政策执行效果和完善程度差强人意,监督目标单一、立法层次不高、配套制度不够完善。

一、法律法规制度亟待健全

(一) 法律法规监督范围缺乏完整性,存在监督空白

人与自然和谐共处是国有企业绿色审计监督保障职能的目标,绿色责任监督对象的范围越广,人与自然的共处就越和谐,这就是监督范围完整性的表现。我们可以从以下两个方面来理解此概念:就空间层面而言,必须保证监督范围足够充分,尽量达到全覆盖;就时间层面而言,必须做到时间一贯。总的来说,结合外部性理论来看,监督缺失的领域都会出现资源分配不公的现象。就现阶段中国绿色审计相关法律制度覆盖面狭窄的现状而言,法律法规监督范围缺乏完整性,导致无法实现经济效益、社会效益、生态效益协同的目标。

在空间范围上,国内理论界尚未清楚界定资源环境管理制度中资源环境的外延,这也是在研究中发现现有绿色审计制度监督范围不够广的原因。本书所研究的国有企业"三维一体"绿色审计着重考察了被审计单位遵守资源环境法规、政策的情况,所以能否针对被审计单位的环境行为给出客观、可靠的结论,关键就在于其所遵循的环境法规、政策是否足够合理、完善,如

[①] 宋传联.和谐社会视阈下中国环境审计制度研究 [D]. 东北师范大学硕士学位论文,2015.

果连环境法律体系本身都存在没有规范或者规范太过于原则性甚至存在遗漏，那么即便被审计单位存在不当的环境行为，也可能无法被审计人员知晓。故而，只有清楚地界定资源环境管理法规的对象，设置合理的管理目标，才能起到规范和约束被审计单位环境行为的作用。在研究中发现，正是因为以上外延界定的缺失，导致管理目标模糊不清。一方面，绿色审计监督广度因资源环境分类不明而大受限制。以环境管理条例为例，条例本身还未阐明环境与资源的本质与外延。（1）根据条例的内容来看，其将大气污染、水污染、核污染、固体废弃物污染等界定为与公共管理相关的主要环境污染物，但是在科学技术日新月异的当今社会，有些以科技为载体的污染，如转基因污染、光污染、噪声污染，也应该被列为环境污染物的范畴，但是这些内容却未出现在现行环境管理条例中，这是国有企业绿色审计的判断标准，必然会影响国有企业绿色审计的效果；（2）现行环境管理条例认为地下水、草原、煤炭、矿产资源、湿地、新能源、海洋资源、森林资源、野生动物、土地和地表水是与公共管理活动休戚相关的自然资源，但是海洋动力资源、气候资源、微生物资源也属于自然资源的一部分，这些自然资源目前并未被列入环境管理制度规范之列，这同样会影响绿色审计的效果。另一方面，国有企业绿色审计监督目标会因为资源属性不明而缺乏科学性。从本质上看，若人们的财富因其使用了某种客观存在的自然物而有所增长，那么这种自然物就是资源，这是从经济学的角度进行定义的。环境管理会针对那些具有资源属性的事物进行管理，以获得预期的经济效益，绿色审计的存在价值就是评估和监督这些资源被使用后的效率性、效果性、效益性和环境性。然而，随着时代的发展和进步，我国资源环境管理法律却未对资源进行重新定义，导致无法准确把握资源的本质属性，这也会引起环境审计范围狭窄的问题。

在时间范围上，研究发现，对某些特定资源使用情况的跟踪不到位会造成绿色审计在时间上的监督缺失。审计人员进行的绿色审计监督活动必须贯穿整个资源环境管理活动周期，在所有资源环境管理环节中都不能出现监督空白，否则会直接影响到整个资源监督链条的完整性。现有的审计实践研究表明，国有企业的绿色审计多以事后监督为主，关注的多是环境资金使用后的合法性、效率性、效果性、效益性和环境性。然而，这种审计模式无法对重点项目建设运行和环保专项资金的使用效果作出客观的评价,因为这是一种典型的事后审计方式,由于是事后评价,故而也很难准确地判断企业是否真正按要求遵守了环境法规和政策。可见,现行法律法规并未对事前监督和事中监督引起过多的重视,这会造成监督活动在时间上存在不连贯的现象,导致监督活动失效。审计关口的滞后性远远没有达到主动评估、监督和鉴证国有企业的绿色责任的高度。

(二) 法律法规缺乏可执行性

我国现行法律中对绿色审计作出具体规定的法律法规主要有:《审计法实施条例》《国家审计准则》《党政主要领导干部和国有企业领导人员经济责任审计规定》以及《中国注册会计师审计准则》等。尽管有很多法律法规都从一定的角度对国有企业绿色审计进行了具体规定,但大部分法律法规都没有明确指出具体的实施措施,这也是造成我国环境审计制度难以得到有效执行的主要原因。例如,《国家审计准则》中提出,审计机构要以监督财政收支合法性、维护中国财政安全、保障国家经济健康运行、推动国家民主法治等内容为工作目标,而且也提出"效益性指的是财务收支、财政收支以及其他活动带来的社会效益、经济效益以及环境效益等",但并未明确具体的效益评价指标和自然资源评价指标,这会导致实际操作中难以有效地执行效益性审计。

(三) 监督目标单一

针对资源环境的差异,各种资源环境下的审计监督目标也各不相同,所以要想进一步完善中国现行绿色审计制度就应该从明确资源监督目标入手。但当前中国绿色审计制度仍是侧重于政府审计和注册会计师审计,而且政府环境审计制度更注重对环境资金使用合法性的监督,对不同责任人绿色责任的评价、环境资金使用效益性和环境管理内部控制等方面并没有引起足够的重视,这也是造成绿色审计重要构成部分的环境审计制度的目标缺乏多元化的重要原因;《中国注册会计师审计准则》规范了上市公司应当披露的环境信息,但是对上市公司环境控制系统审计的具体制度上并没有做过多阐述,并且也未针对非持续经营假设下上市公司负责人受托绿色责任履行的审计准则进行规定,更重要的是,并非所有国企都是上市公司,对于不是上市公司的国有企业如何实施绿色审计,并没有涉及。中国政府审计准则仅对使用财政资金的环境事项实施绿色审计,没有规范未使用财政资金的环境保护事项的审计内容。总的来说,中国现行绿色审计制度的重点在国有企业监督财政资金使用的合法性和资源环境政策的执行效果上,而对于资源环境政策本身的科学性以及审计制度的效益性缺乏必要的关注,因此很难有效监督企业的绿色生产、销售和排放活动。

(四)制度立法层次不高

宪法作为国家的根本大法,是所有审计制度的最高权威,理所应当是绿色审计制度的最根本依据。但从宪法以及以宪法为依据的基本法律法规中没有提到"绿色审计"这一概念,也没有对"绿色审计制度"进行权威性定义,更没有明确绿色审计组织机构及其职责。《审计法》《注册会计师法》同样没有表述国有企业绿色审计的条款。当前我国法律中涉及"绿色审计"的大多是法规或条例,在法律上的地位并不高,这也是造成国有企业绿色审计制度难以得到有效执行的主要原因。

二、基于法律法规制度的配套制度作用有限

法律法规制度的立法、修改、废除需要经过较长时间的调研、论证、表决,颁布实施后在较长时间里具有稳定性。我国经济改革进程提速,建设生态文明战略对国有企业绿色审计的法制环境提出了更高的要求,然而法律法规制度的立、改、废相对滞后,因此,可以采用更加灵活的配套制度手段来弥补法律法规滞后于现实需要的不足。本书仔细分析了国有企业绿色审计配套制度,仍存在下列七个方面的缺陷,使得配套制度对法律法规制度的补充作用有限。

(一)国有企业绿色审计文化尚未建立

可持续发展目标的实现建立在环境得以妥善保护的基础上,实施国有企业绿色审计,监督环境保护管理行为能够有效推动绿色经济的发展。然而,由于国有企业绿色审计尚属于审计领域内的一个新事物,调研数据显示,实

践经验的缺乏使得我国审计机关以及国有资产管理部门还是以财政收支、财务收支审计作为国有企业绿色审计的重心，偏重于经济责任审计忽略环境责任审计，这显然已经无法满足"绿色"发展理念对于国有企业绿色审计的要求。鉴于此，我国审计机关提出审计全覆盖，进一步实施政策执行落实审计，开始关注政策执行落实，与过去只关注经济责任的审计思路相比，这种审计模式将制度、机制的有效性和合理性也考虑了进去，而且对国有企业环境政策执行情况予以了重视。但即便如此，我国国有企业绿色审计在实践试点中依然存在责任界定不清、审计不到位、审计越位、审计监督执行不力的问题。这主要是因为审计人员在过去的审计工作中习惯了从微观层面入手对国有企业进行审查、评估，没有从宏观层面对国有企业履行环境责任及其绩效情况进行监督、鉴证、评价的经历，如何开展国有企业绿色审计理念尚未树立。进一步表述，就是中国特色的国有企业绿色审计文化尚未形成。国有企业绿色审计文化是指审计机构在长期的国有企业绿色审计实践中，凝聚审计人员的行为选择、价值观念与道德规范，它体现了国有企业绿色审计人员的综合素质，对提高队伍的绿色审计能力、提升其团队合作能力有着积极影响。当前，国内还没有建立起良好的绿色审计文化，本位主义在政府审计部门依然比较突出，会计师事务所又多关注自身经济利益，国有企业内审机构由于没有较强的独立性难以充分发挥其绿色审计的监督作用。正因为如此，当前国有企业绿色审计监督质量一直非常低，亟待进一步提高。

（二）审计主体运行机制设计不合理

国有企业绿色审计运行机制，是指在实施国有企业绿色审计的活动中，影响这一活动的审计委托者、审计主体（执行者）、审计客体（审计对象）相互之间产生影响的作用过程与运行方式，是引导和制约国有企业绿色审计决策并与人、财、物相关的各项活动的准则及相应制度的总和。国有企业绿色审计制度的运行机制体现在国有企业绿色审计关系里面，本书第一章已经揭示出审计三角关系（图1-6）包括：审计委托人、审计机构、审计人员（本书界定为审计主体）之间的运行机制；审计委托人与被审计对象即国有企业之间的运行关系；审计机构、审计人员、国有企业之间运行关系。对国有企业绿色审计而言，其主体是与审计活动有关的机构、组织等，牵扯社会、政府、内部审计，审计部门和审计工作者和国有企业之间的运行关系，具体是指审计主体的经济保障以及与被审计对象（国有企业）之间的协调机制。

审计关系的构成影响审计运行机制各个具体组成部分的运行规律。第一，审计主体中的政府审计，属于行政式管理体制，这种人、财、物的保障体制不利于国有企业绿色审计效果的发挥。在政府审计中，各级政府受人民代表大会委托授权审计机关实施国有企业绿色审计，国有企业接受审计。当前，中国落实绿色审计工作的机构包括政府、国有资产监督管理委员会等机关部门，就其机制的形成和完善而言，政府审计管理体制占据着重要地位。从国家审计模式分析，国际通行的审计模式包括立法型、独立型、司法型、行政型。立法型即审计机关的人、财、物属于议会管辖，实施对行政机关等绿色责任的审计；独立型即独立于行政机关之外受托实施审计；司法型即具有审判权力类似于独立法院。我国属于行政型政府审计管理体制，最主要的特征是：从业务上来说，审计机关内部上下级之间有着领导与被领导的关系；从行政上来说，它和同级政府之间也是领导和被领导的关系，因为审计机关所有的资源都是同级政府供应的。因此，其在对同级人民政府的所辖国有企业实施绿色审计监督时，地方政府的意见能够左右审计机关的审计结论，由于都是同级政府的一员，因而难以具有较高的独立性。此外，尽管从理论上被认为是绿色审计执法部门，不过要具体实施还需要环保部门协助，因此和有关部门进行沟通交流，并通力合作共同执法才能较好地发挥执法作用，但是受到国内权力分配机制所限，这显然很难达到，当联动无法起到作用时，审计取证的难度必然增加，并给正确客观的审计结果形成带来阻碍。第二，对国有企业而言，审计部门只是企业设置的一个机构，不管是薪酬还是绩效都归国有企业管辖，因此它并不具备较高的独立性，即便从理论而言它应该具备这种独立性，但事实上，其独立性的缺乏导致国有企业绿色审计监督必然难以发挥其作用。第三，社会审计是自负盈亏的独立组织，表面上分析，会计师事务所形式独立，但会计师事务所追逐利润的经济属性往往使其丧失实质上的独立性。从这三种审计主体的运行机制分析，当前，政府审计、内部审计、社会审计都无法满足绿色审计的独立性要求，这会影响国有企业绿色审计制度的正常运行。

（三）绿色核算制度不完善、评价指标不统一

审计的实施离不开会计核算制度的支撑，审计以相关会计资料作为直接监督对象，这些会计资料也是审计人员获取审计证据的重要依据，审计法律制度就是以会计核算制度为基石构建的；同理，会计核算制度也是绿色审计活动的灵魂，没有健全的绿色会计核算制度，绿色审计活动也无法开展。还需要指出的是，构建健全的绿色会计信息披露制度是发挥绿色审计责任监督功能的前提条件。但是，以上两个制度目前并未在我国"生根发芽"，这种制度上的缺失导致审计人员在绿色审计实践中无法获得所需的审计证据，也无法通过评估会计资料了解被审计单位的实际情况，同时配套制度的缺失不利于评估被审计单位所披露的环境活动会计信息是否是可靠的、客观的、真实的。这些事项都会影响审计结果的公正性、客观性。

此外，评价工作的开展离不开评价指标的支撑，审计工作要走上规范化的道路，就必须针对各个行业制定统一的评估指标体系。现阶段，中国绿色审计法律框架中的评价指标体系还不够健全和完善，具体表现在评价指标体系统一性缺失，以及相关准则和工作指南的缺失上。首先，这是由于各行业乃至行业中各企业规模以及管理模式各异等多样化对统一性造成的阻碍；其次，可获取数据的局限性成了各地制定统一评价指标时的另一障碍，正如上文论述的，各企业绿色会计制度不健全引起审计评价数据的缺失。两大因素共同阻碍绿色审计到目前为止还没有一个统一的评价指标体系作为支撑。构建国有企业绿色审计体系应该做到系统性和综合性的统一，既要能够对循环经济的各要素进行客观的描述和反映，还要考虑到各子系统之间以及关联因子之间的相互影响情况，这样才能得到一个完整、有用的系统。

（四）审计方法落后、获取环境证据难度高

审计人员在审计实践中用于调查实施、搜集证据、总结结论并给出客观评价的方式、方法和工具的总和称为审计方法。选择恰当的审计方法是审计活动得以顺利进行的有力保障。绿色审计目前尚属于审计领域的新事物，与

传统审计相比，其对审计方法的选择有着更高的要求。绿色审计无论是在取证、内容和范围的确定上都相对复杂，充满了挑战性，如果审计方法选择不当，就会影响整个审计结果的可信度和客观性。绿色审计既要沿用传统的审计方法，又必须在此基础上对定性分析、导向分析、因素分析、定量分析等方法予以考虑。但是，中国不少审计人员在绿色审计实践中依然习惯于使用传统的审计方法，这显然是一种缺乏与时俱进精神的表现。如前文所述，绿色审计活动的顺利进行离不开审计证据的支撑，审计证据的完整性、客观性和可信度直接决定了审计评估结果的可靠性和公正性，也是审计质量的保证。目前，造成中国绿色审计取证面临重重困难的原因主要有：一是中国绿色审计的发展速度快于绿色会计的发展速度，加之配套制度的缺失，导致审计单位在获取审计证据时缺乏有力的会计资料作为支撑，有些被审计单位甚至未主动配合审计人员的工作，拒绝提供会计资料，这些都会严重影响审计人员获取审计证据的效率及证据本身的可信度；二是绿色审计是一门集多学科知识于一体的新兴学科，其无论是性质还是内容都比传统审计复杂得多。在中国，只有那些精通多门学科知识，如环境经济学、统计学、社会学、环境法学，以及有着丰富审计经验的审计人员才能胜任绿色审计工作，以敏锐的洞察力获取审计所需的证据。但是，中国这方面的审计人才极其匮乏，这严重影响了整个绿色审计实践的发展。

（五）绿色审计结果缺乏约束力、难以促进环境管理系统发展

与发达国家相比，中国绿色审计尚处于初级发展阶段，还没有与之配套的评价指标、会计准则、审计模式，加之中国绿色审计主体尚未进行多元化建设的缺陷，故而中国绿色审计总是难以得到公正、可信的审计结果，也无法指导被审计单位发现自己环境管理活动中的缺陷，这严重阻碍了中国绿色审计实践的发展和进步。除此之外，中国国有企业负责人并未因为绿色审计活动的开展而受到应有的限制和监督，导致绿色审计体系形同虚设，未能督促被审计单位履行绿色责任、社会责任。绿色审计结果缺乏约束力的困境导致环境管理系统的发展难以得到保障。审计结果约束力缺乏表现在以下几个方面：其一，企业不会采用环境友好的绿色生产模式，而继续粗犷生产，从

源头上破坏了环境管理系统。其二，没有绿色审计通过对企业排放物排放的内容、成分、数量进行监测和鉴证，那么无法保证企业环境管理系统的有效运行。其三，在企业销售产品环节，没有绿色审计结果的约束力，环境管理系统也难以保证销售的产品是优质、安全、绿色的，进而失去分销商、渠道商等下游企业和消费者的青睐。

三、缺陷的原因分析

造成国有企业绿色审计制度存在缺陷的原因有三点，即环境委托代理问题的特殊性、大陆法系立法受限、绿色审计主体责任界定不清。

第一，环境委托代理问题的特殊性引起制度变革动力不足。首先，自然资源的所有权与使用权分离造成了委托代理问题。以国有企业为例，委托方和代理人分别是自然资源的所有者与国有企业的法定代表人。若两者的利益目标存在矛盾，那么国有企业法定代表人就会通过牺牲国家利益来实现自身利益的最大化，于是便会出现诸如信息不对称等代理成本问题。根据委托代理理论，事前信息不对称以及事后信息不对称均属于信息不对称问题，前者会引发"逆向选择"的现象，因为在委托关系尚未建立之前，国有企业领导人的道德与能力对于国家而言是一个未知数。后者则会引致"道德风险"现象的出现，因为委托代理关系成立之后，国有企业就被国家全权交由国有企业领导人进行管理和经营，受托人可能利用手中的权利作出一些有损环境利益的私人行为，而作为委托方的国家可能对此毫不知情，也难以对国有企业领导人履行职责的情况进行客观、准确的评估。其次，资源和环境数据的专业性、分散性、长期性引起资源所有者（委托方）对资源使用者（代理方）绩效的观察成本更高，导致环境委托代理问题的特殊性。这种特殊的环境委托代理问题导致现阶段绿色审计制度缺乏内在动力进行制度创新。

第二，大陆法系立法受限导致法律法规制度适应性较低。我国属于大陆法系，重视详尽的成文法典，强调法典必须完整，以致每一个法律范畴的每一个细节，都在法典里有明文规定。尽管我国现有法律法规制度中已经对环境资源权属以及侵权行为、环境保护责任等进行了规定，然而环境污染问题的突发性与大陆法系立法进程中法律法规制度的立、改、废相对滞后存在一定程度的矛盾,导致绿色审计法律法规制度适应性较低。最高人民法院正在民事领域推行参考性案例指导,明确了"类似案件"的判定标准,要求具体参照指导性案例的裁判要点,然而由于绿色审计"类似案件"的法律实践较少,因而指导性案例对正确适用绿色审计法律的补充作用并未完全体现。因此,其后果是大陆法系立法受限导致法律法规制度适应性较低。

第三,绿色审计主体责任界定不清导致监督机制缺位。现行法律中有关审计主体责任采用"过错推定原则",如《证券法》和《公司法》在处理审计主体责任问题上的方式是基本一致的,均是以"过错推定原则"作为归责标准,不过两者的差异在于《公司法》中对赔偿责任的规定并没有《证券法》中严格,后者还特别强调了"连带赔偿责任"。《最高人民法院关于审理涉及会计师事务所在审计业务活动中民事侵权赔偿案件的若干规定》指出,审计主体出具的审计报告存在不实情况导致利害关系人蒙受损失时,要承担"侵权赔偿责任",除非行为人能够出示自身无过错的强有力证据。从立法初衷来看,这三个规定基本一致,更加合理地界定了审计主体民事责任范围和归责标准,然而,与资源环境相关的法律中并未明确规定绿色审计的责任,一方面,导致绿色审计主体可能因为责任界定不清而进行"逆向选择",缺乏对国有企业进行严格监督的积极性;另一方面,《环境保护法》中未清晰界定绿色审计主体职责难以给绿色审计失败引起的民事责任归属提供法律指导,进一步损害了绿色审计监督机制的有效性。

第三节 本章小结

首先,本章分析了自国家审计署开始涉及环境领域审计以来所处的法律制度发展过程以及绿色审计现行法律依据,该依据包括宪法、法律法规、国际环境保护条约与公约以及环境标准制度。其次,本章根据上述对制度的梳理和框架分析,认为现阶段国有企业绿色审计制度存在两方面主要问题:第一,法律法规制度亟待健全,包括法律法规监督范围存在监督空白、法律法规缺乏可执行性、监督的目标单一化的同时其制度立法层次不高;第二,基于法律法规制度的配套制度作用受限,包括国有企业绿色审计文化尚未建立、审计主体运行机制设计不合理、绿色核算制度不完善导致审计评价指标体系不统一、审计方法落后制约环境证据取证以及审计结果缺乏约束力导致环境管理系统失效等。本章还分析了导致现行国有企业绿色审计制度存在缺陷的原因在于环境委托代理问题的特殊性、大陆法系立法受限、配套监督机制缺位等。

第六章 完善国有企业绿色审计制度的对策建议

国有企业绿色审计制度监督和保障作用的发挥，必须要在"新发展理念"和建设生态文明战略的指导下，结合中国的实际情况厘清国有企业所处的现实环境，才能有效地对现有制度进行完善和创新。本章借鉴地方政府治理水污染采取"河长制"的制度安排，认为完善国有企业绿色审计需要职责归属明确、权责清晰，在合理的路径选择基础上进行制度创新。

第一节 基本思路

制度安排是国有企业绿色审计经济学研究的关键，本书以马克思政治经济学为基本理论，以制度经济学为分析工具，结合我国国有企业绿色审计实际情况，分析了我国国有企业绿色审计制度和审计方法存在的问题，基于前述章节的分析和问题揭示，在设计和完善绿色审计制度时，基本思路是国有企业负责人所承担的绿色责任职责归属明确、权责清晰的制度思路、协同三个效益的思路和审计结果双重报告并引入公众监督的思路，以此落实国有企业绿色审计效果。

第一，绿色责任职责归属明确、权责清晰。所谓"河长制"，即由各级党政主要负责人担任"河长"，对辖下河湖的管理和保护工作有领导权力，同时承担合理开发水资源和保护水域生态环境的责任。借鉴"河长制"的制度安排，国有企业主要负责人的绿色责任也应该做到职责归属明确、权责清晰，并通过完善的国有企业绿色审计制度进一步强化职责、权责的明晰。

第二，经济效益、社会效益和绿色效益统筹兼顾。"树立环保意识，以动态、发展的眼光看待国家、社会、人三方的关系，实现社会利益、经济利益、生态利益的统一。现代生态法以伦理规范为指导，旨在实现人与自然的和谐共处，即所有生物都能对自身能力进行调节，人类应该尊重自然，保护自然。"[1] 在建设生态文明背景下，完善绿色审计法制环境要将绿色生态利益放在重要位置。而国有企业承担着关乎经济、国防和民生等重要方面的重要责任和税赋义务，其实现基础是企业的经济效益能够满足企业自身规模发展的资金要求。因此，设计和完善绿色审计制度的思路之一是促进企业将经济效益、社会效益和绿色效益统筹兼顾。

第三，审计结果双重报告并引入公众监督。一方面，审计机构对国有企业的绿色审计情况及其结果不仅要提交给国有企业的绿色责任人，还要编写审计综合报告或专题审计调查报告，提交给上级审计机关或指定的机构，通过由上至下的监督模式，为审计工作的顺利开展创造有利条件；另一方面，绿色责任涉及范围较广，其过程与结果应该接受社会公众的监督，并保留从下至上的举报和监督渠道。

第二节　具体对策

一、健全与完善绿色审计法律制度安排

依法治国是我国当前的主要任务之一，市场经济的核心是法制经济，以法律制度来实施国家治理是现代国家的基本要求。落实到国有企业绿色审计的研究上，由于中国现行的绿色审计监督体系主要是以《审计法》

---

[1] 俄罗斯联邦环境保护法和土地法典 [M]. 马骧聪, 译. 北京：中国法制出版社, 2003：6.

《注册会计师法》《会计法》和环境保护法律法规为支持的,故而是否专门制定一套绿色审计法并不重要。因此,中国可以在现行法律法规的基础上,增补一些有关绿色核算、绿色审计的条款,以作为绿色审计实践的法律依据,这对于落实中国受托环境责任,以及建立第三方监管模式而言意义重大。

在法律法规的具体修改中,首先,应该尽快明确中国各审计主体的职责,并在此基础上出台配套的法律法规,改变审计人员实施绿色审计"无法可依"的状态。《宪法》第9条、第10条分别规定了包含土地在内的自然资源归属于国家和人民,并阐明"国家保障自然资源的合理利用,保护珍贵的动物和植物"的义务以及"一切使用土地的组织和个人必须合理地利用土地"的要求,但是没有明确行使监督权的主体。此外,《宪法》中还没有有关绿色审计的条款,虽然《宪法》第62条、第63条、第67条和第80条规定了审计长的任免条款;《宪法》第86条规定审计长是国务院的组成人员之一;《宪法》第91条、第109条规定了审计机关的设置和领导关系,审计监督的范围和对象,审计监督的基本原则是"独立行使审计监督权,不受其他行政机关、社会团体和个人的干涉"等,然而受限于审计报告"对本级人民政府和上一级审计机关负责",绿色审计的独立性仍需进一步提高。中国可以参考德国的做法,在宪法中单列一个有关环境资源保护的章节,并在章节中明确阐明绿色审计的内容;也可以采取修改宪法条款的形式,本书对相关条款修改的具体建议如表6-1所示。

表6-1 《宪法》条款修改建议

条款	原条款摘录	修改建议	修改理由
第9条第2款	国家保障自然资源的合理利用,保护珍贵的动物和植物……	国家以行政监督、审计监督和民主监督等方式保障自然资源的合理利用,保护珍贵的动物和植物	明确保障资源利用、环境保护的监督主体,明确审计主体的基本职责

第六章 完善国有企业绿色审计制度的对策建议

续表

条款	原条款摘录	修改建议	修改理由
第10条第5款	一切使用土地的组织和个人必须合理地利用土地	一切使用土地的组织和个人必须合理地利用土地,并通过环境影响评价、绿色审计方式保障土地利用的合理性	进一步明确审计主体的职责
第91条	国务院设立审计机关……对国家的……企业事业组织的财务收支,进行审计监督。审计机关在国务院总理领导下,依照法律规定独立行使审计监督权,不受其他行政机关、社会团体和个人的干涉	国务院设立审计机关,对国家的……企业事业组织的财务收支以及绿色责任,进行审计监督。审计机关在审计委员会主任领导下,依照法律规定独立行使审计监督权,不受其他行政机关、社会团体和个人的干涉	修改后的条款阐明绿色审计依法行使监督权的直接来源,并依据"双重报告"思路建立起绿色审计机构行政上隶属于国务院,职能上隶属于审计委员会,以此保障绿色审计独立性
第109条	……地方各级审计机关依照法律规定独立行使审计监督权,对本级人民政府和上一级审计机关负责	地方各级审计机关依照法律规定独立行使审计监督权,对本级审计委员会和省级审计机关负责	参照《关于完善审计制度若干重大问题的框架意见》,地方审计机关人财物由省级统一管理,提升绿色审计监督整体效能

除了《宪法》以外,中国立法部门还应该将审计部门及其审计人员实施绿色审计权利和义务纳入《审计法》,使之分工明确,权责清晰;还可以学习《加拿大审计长法案》的做法,在《审计法》中就审计长的职责进行确定和说明,以起到约束审计长权限,保证其工作合法性的作用。首先,根据《宪法》和《审计法》的修改建议,进一步推进对《会计法》《注册会计师法》的修订进程。与此同时,还要保证各立法之间的衔接性,以免出现重复规定,浪费绿色审计立法资源的情形[①]。其次,出台绿色审计管理条例,对审计机构内部各部门的职责和权限,及其与审计机关之间的关系进行明确,构建完善的审

---

① 陈艳. 论中国环境审计法律制度的完善 [J]. 环境保护, 2013, 41 (19): 45—46.

计工作报告制度，进一步规范和明确绿色审计的内容、方法、程序和范围。[1]再次，构建健全的绿色审计评估标准体系。关于这一点，可以参考和借鉴发达国家的经验和做法，如加拿大、美国和荷兰就分别通过制定合规性审计标准（CSAZ773-03）和环境管理体系审计标准（ISO19011），我国可以制定"国家绿色审计标准""国家环境政策计划"，构建具有中国特色的绿色审计标准体系。最后，为了保证每一位审计人员都有能力胜任绿色审计工作，还需结合绿色审计人员的工作性质，制定工作制度、规范和细则，细则、制度和规范需对审计人员的任职要求作出详细的规定和说明，以确保每一项绿色审计工作都有专人负责。[2]

二、强化绿色信息的公开与披露制度安排

要最大限度地发挥绿色审计工作披露被审计单位环境问题的作用和效果，就要构建一个能够保证审计信息和会计信息公正性、可靠性和真实性的绿色会计制度，也只有在该制度框架下，审计人员才能按要求，保质保量地完成绿色审计工作，使国有企业自觉、主动地履行绿色责任，进而完成企业经济效益、社会效益和绿色效益的统一。

在国际范围内，比较具有代表性和参考价值的是荷兰、加拿大、美国等国家制定的绿色会计制度，这些国家有着丰富的环境成本与负债核算经验，并且在绿色会计核算体系中纳入了环境污染损失和资源价格两大内容，目的就是客观、公正地披露和公开审计与会计信息。[3]对中国而言，构建绿色会计核算体系的意义在于：第一，通过构建该体系，保证绿色审计所获取的绿色会计信息都是真实、可靠的。在该体系背景下，会计资料将包含无法量化的环境事项，如环境政策、规划，以及环境成本、收益、负债等可以用货币进行量化的环境事项。[4]第二，构建绿色审计结果公告制度，能够及时对外公告特定绿色审计事项各阶段，以及重大环境案件的审计情况，满足审计信

---

[1] 顾全. 国内外环境审计开展状况对比分析 [J]. 广西财经学院学报，2012（3）：113—118.
[2] 李明辉，张艳，张娟. 国外环境审计的经济学研究述评 [J]. 审计与经济研究，2011，26（4）：29—37.
[3] 刘伟四. 环境审计及中国环境审计发展探讨 [J]. 商业研究，2001（5）：122.
[4] 毛洪涛，张正勇. 现代风险导向观下的注册会计师环境审计 [J]. 会计之友，2008（9）：62—64.

息使用者的需求，实现审计监督和社会监督的结合，这样才能体现出绿色审计的价值。第三，绿色责任会计制度的构建为培养审计人才提供了有力的依据，通过设置认定和考核环境注册会计师的规则，全面提升审计班底的综合素质，使之具有综合的胜任力。① 第四，根据绿色审计过程中发现的制度性缺陷，对有关绿色审计的制度进行查缺补漏。第五，结合中国国情，围绕绿色审计人员、行为、报告等内容出台配套的审计指南和规则，并在此基础上设计实质性审计程序。② 第六，主动了解并参与国际绿色审计活动，认真吸取他国的先进理念、技术和方法，使中国绿色审计制度与国际制度相接轨。

三、明确绿色审计范围并深化部门联动制度安排

根据上文分析，环境是一个相当复杂的系统，审计机构在开展绿色审计活动时应该树立实事求是、与时俱进的精神，从以下三方面对绿色审计范围作出创新和拓展。第一，客观、公正地审核与评估国家环境法律体系和各级政府环境政策的有效性与合理性，这是开展绿色审计工作的基石。第二，与环保部门联合审计与评估企业在大型工程、环保项目实施的计划、执行、竣工和管理阶段是否严格遵守了法律法规的要求，即评估其生产经营管理活动的合法性。第三，逐步扩宽审计范围，实现从土地、水域、节能减排到重要资源的开发、利用和保护上的转变，最终实现对企业经济、社会和绿色效益审计与评价的转变。

鉴于绿色审计是包含了环境管理、资源利用等多项专业知识的综合性审计系统，借助外部专家力量并深化与环保部门的联动十分重要。在绿色审计中环境评价问题涉及面较广，如果不借助于资源环境专家的力量，会导致对一个项目投入的审计力量过多，造成审计资源浪费；如果审计主体与环保部门联动过少，一些对环境造成重大影响的问题可能难以察觉，起不到应有的监督和保障作用。③ 因此，随着绿色审计范围的逐步拓宽，深化与环保部门

---

① Power M. EXA Pertise and the Construction of Relevance: Accountants and Environmental Audit [J]. Accounting Organizations & Society, 1997, 22 (2): 123—146.
② 李雪，杨智慧，王健姝. 环境审计理论结构研究 [J]. 财贸研究, 2002, 13 (5): 107—111.
③ 王会金，尹平. 论国家审计风险的成因及控制策略 [J]. 审计的经济学研究, 2000 (02): 27—28, 34.

的联动起到避免审计浪费、提高审计效率的作用。

此外,绿色审计公告需要及时向国有企业领导人、管理部门、审计机构报告对象以及公众报告。及时的审计公告能够促进国有企业改良落后项目,解决节能减排专项资金落实不到位、利用率低的现状,不断优化产业结构,坚持走集约型的经济发展路线;也能够对于滥采滥用、低效利用、违规出让等不当的资源利用行为予以重罚,督促被审计单位按国家环境法规、政策开发、利用自然资源、生态资源;进一步对公众及时公告绿色审计结果,一方面可以减少会计核算失真给外部投资人所带来的误导行为,鼓励发展环境友好和资源节约的产业,另一方面满足了公众对保护环境的诉求,提高公众监督企业绿色责任履行的积极性,形成了良好的公众监督体系。

四、推进绿色审计主体与独立性建设制度安排

就目前审计主体单一的现实困境而言,政府审计、企业内部审计、注册会计师审计都应该成为绿色审计主体的重要组成部分。理想的绿色审计主体应该如图6-1所示,以政府审计占主导地位、内部审计为关键部分、注册会计师审计为重要补充的多元化制度。

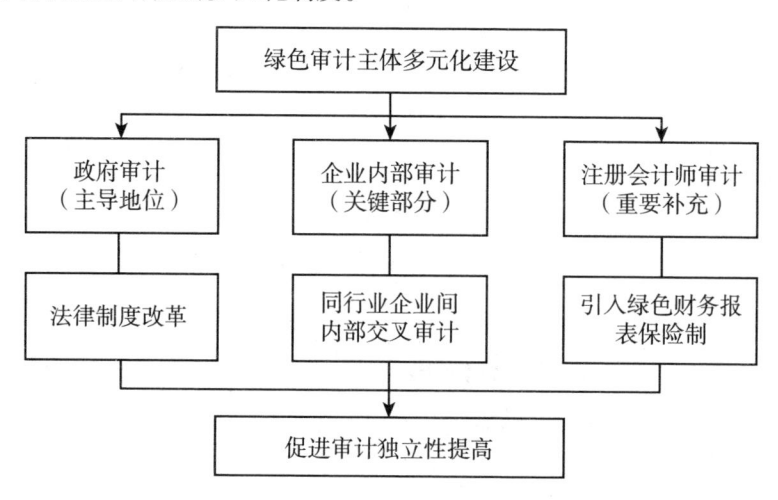

图6-1 绿色审计主体关系图

对于政府审计来说,通过法律制度深化中国政府审计机构的独立审计能力,能够大幅度地提升其处置权和决定权的独立性。国家审计机关肩负着审

第六章 完善国有企业绿色审计制度的对策建议

计和评估政府环境法规和政策合理性、有效性,以及拟定、起草、执行有关审计法律法规、政策、制度的重任,包括中央预算和财政收支情况也是由审计机关负责披露。除此以外,国家审计机关还要对国有企业内部审计工作的有效性,以及政府使用环保专项资金的效益性、合法性进行审计和评估;同时,负责就本国的审计工作情况与他国交换建议和看法,并根据人民群众所提意见改进自己的工作方式。[①]

当然,我们也不能忽略企业内部审计对绿色审计制度发展和进步所作出的贡献,应该采用有效的措施,调动企业进行内部审计的积极性。[②] 第一,应该通过出台专门法的方式,对企业生产经营管理中应承担的绿色责任予以说明和明确,并阐明内部审计实施绿色审计的必要性,鼓励企业结合自身实际构建完善的内部绿色审计制度体系。第二,可以采取相同行业内不同国有企业之间内部审计部门交叉审计的办法提高绿色内部审计的积极性。一方面,同行业国有企业通常处于竞争的关系之中,这种竞争关系使企业间的内部审计部门在绿色责任交叉审计中与被审单位存在天然的独立性。另一方面,行业内的标杆企业对其他企业进行交叉审计,能够有效指导被审单位解决在履行经济责任、社会责任和绿色责任过程中的困难。因此,内部审计部门的交叉绿色审计能够有效监督、促进企业三种效益的和谐统一。

根据上述分析,政府审计责任重大但资源有限,同时企业主要是围绕自己的生产经营活动展开绿色责任内部审计的,故而在绿色审计主体多元化建设中,除了要突出政府的主导作用、内部审计的关键功能之外,还要适当地增加注册会计师的数量,作为丰富绿色审计主体的补充力量。[③] 注册会计师收取审计费用的执业方式以及国有企业"公共契约"属性,决定了绿色审计中逆向选择和道德风险问题的特殊性,即具备隐蔽性的环境问题更加可能造成企业高管与注册会计师的"合谋"行为。[④] 因此,本书将注册会计师作为

[①] 于团叶. 未来审计的重要领域:环境审计 [J]. 科技与管理, 2005, 7 (2): 78—80.
[②] Tucker, Robert R, Kasper, et al. Pressures for Change in Environmental Auditing and in the Role of the Internal Auditor [J]. Social Science Electronic Publishing, 1998, 10 (3): 340.
[③] 谭昳. 中国环境审计主体研究 [D]. 北京交通大学硕士学位论文, 2012.
[④] 黄晓波, 李伶俐, 孙成刚. 独立审计执业责任保险的问题和对策 [J]. 审计与经济研究, 2001 (03): 28—30.

绿色审计主体的补充力量时，同时引入财务报表保险制（Financial Statement Insurance，FSI）以确保注册会计师的独立性，即国有企业的负责人将绿色财务报表保险费用交给保险公司，保险公司聘用会计师事务所对企业编制的绿色财务报表进行审计并支付审计费用，注册会计师对保险公司负责，一旦出现绿色审计失败，将由保险公司对国有企业管理部门进行赔偿。在绿色财务报表保险制对注册会计师独立性的保障下，这类主体的增加，一方面能够解决政府绿色审计和企业内部绿色审计范围过窄的问题，另一方面能够在揭示环境监管问题的过程中，充分发挥注册会计师人才的作用和价值，为中国绿色审计实践的发展和进步创造有利的条件。

还需要指出的是，协调处理各审计主体间关系也是构建完善绿色审计主体体制的必由之路。在国有企业绿色审计中，必须突出政府审计的主导地位，同时也不能忽略注册会计师审计和内部审计的作用，只有协调好三大审计主体的关系，才能取长补短、相互促进。此外，绿色审计主体多元化的体制建设也应该保证其独立性。一是对中国绿色审计体制进行查缺补漏，找出尚有改进空间的环节，通过权责的明确，完成整合与拆分绿色审计责任和非绿色审计的工作；二是要规范绿色审计人员的审计行为，对于违规违法的审计行为，加大处罚力度，对于情节恶劣的，还要考虑撤销其职务，并进行通报；三是加大培养绿色审计人员的力度，使之胜任能力和综合能力再上一个台阶。[①]

五、创新实施全过程跟踪审计模式的制度安排

随着环境科技的快速发展，完善的绿色审计体制离不开创新审计模式、技术与方法的支撑。传统资源环境审计是典型的事后审计，审计着眼点为财务收支情况，这种审计模式无法体现出国家宏观调控的优势，只能进行简单的查错防弊。但是，在中国经济异常活跃的当今，宏观调控部门已经开始采用间接手段管理经济事项，现代审计方法也更加重视事前、事中审计，即审计的预警职能越来越重要，它要求绿色审计的关口不断前移，向着重事前、事中审计的全过程跟踪审计方向发展，这也是国家对环境资源开发、利用和

---

① 王爱国，史维. 论审计的独立性 [J]. 审计研究，2004 (4)：68—71.

保护进行宏观调控的必然结局。

重视事前、事中审计能够使审计人员在审计中正确地引导被审计单位开发、利用和管理环境资源的行为，防止它们以牺牲生态环境和能源的方式实现经济的粗放发展。不仅如此，绿色责任事前、事中审计能够帮助企业在制定发展决策的过程中，便于回顾历史发展经验和教训，这对于减轻事后审计的工作量、提高审计整体效率起到了至关重要的作用，更关键的是，全过程跟踪审计能够从源头上保证使用审计结果的主体能够据此作出正确的决策，也能调动企业参与生态文明建设的积极性，使之在今后的发展中设置科学的投资目标，合理利用资源，实现经济、社会和绿色效益的统一。因此，审计人员在绿色审计实践中，应该将审计重心前移，利用审计结果来指导企业制定科学、全面的环境保护计划、策略，促进企业走上一条集约化的发展路线，实现节能减排的目标。在具体审计对策中，只有把握好如下几方面的细节，才能顺利完成绿色审计的全过程跟踪转型工作。

第一，在正式实施绿色审计之前，应该明确本次审计的目的、内容、范围以及预算，同时采用图6-2中环境费用效益分析法明确审计项目，并对各审计项目对环境造成的破坏程度，以及其建设过程中的资源利用情况和消耗情况引起三大效益的变化进行量化和评估，并在此基础上得到一个详细的绿色责任事前审计结论，以此结论指导企业决策者和管理者制定解决审计项目的策略，将审计项目对环境造成的破坏控制在可承受范围内，并达到节能减排的目的。第二，采用科学的方法和途径实现绿色责任事前审计、事中审计和事后审计的结合。要利用审计活动客观地反映出企业节能减排的情况，以及投资活动的环保性与有效性，开展绿色责任事前审计是必不可少的一个环节，如果未对此审计工作予以应有的重视，就无法在第一时间确定对环境有害的事项，如此一来，即便事后审计发现了这一点，对环境造成的破坏已真实存在，污染局面已难以挽回；而绿色责任事中审计的缺失则会弱化控制和管理生产经营活动的作用，无法在第一时间揭示、监督和解决那些能耗大，对环境破坏严重的项目和问题；而绿色责任事后审计的缺失，则会无法得出可靠、全面的审计结论，也会使事前审计、事中审计作出的审计资源浪费。第三，依法追究环境责任，对各审计工作人员的职权进行划分，做到责任到人，通过约束和监督其审计行为，预防和控制绿色审计风险。可见，在绿色审计实践中，只有做到事前审计、事中审计和事后审计的结合，明确各环节的绿色责任，才能落实好各个环节的监督工作，消除影响计划和决策正确性的因素，达到节能减排的目的，充分发挥绿色审计对企业经济效益、社会效益和绿色效益的促进作用。

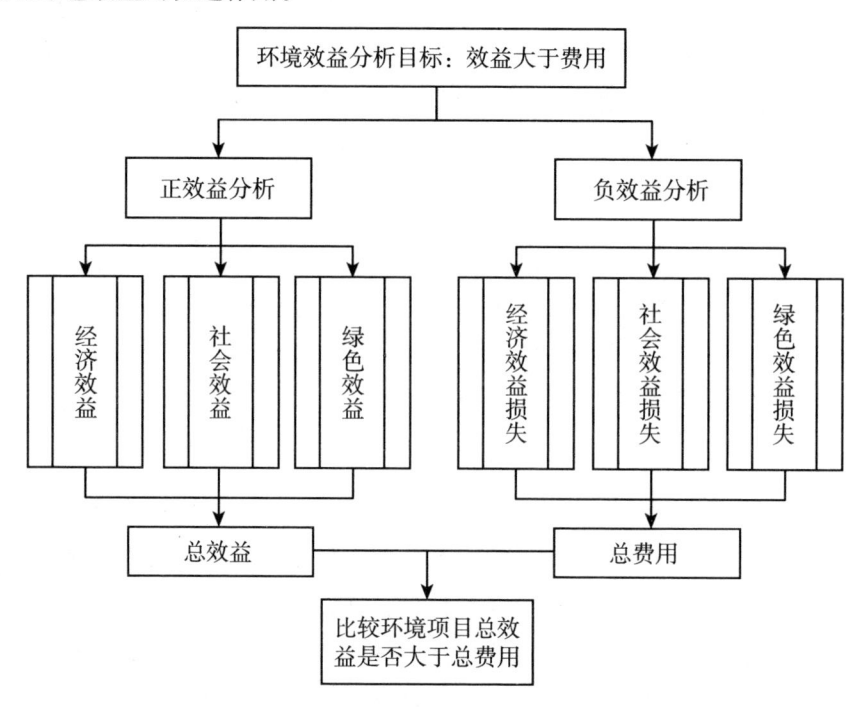

图 6-2　环境费用效益分析法流程

此外，绿色审计因其专业性和技术性强，需要不断地吸纳创新审计技术，例如，逐渐开始投入使用的无人机监测技术、地理信息系统、全球定位系统、空气监测系统等一系列新型审计技术帮助绿色审计实现了传统审计技术达不到的效果，因此，应该进一步创新绿色审计方法。

六、制定配套激励与约束制度安排

根据经济外部性理论，我国资源税改革、开征环保税为激励国有企业通过绿色审计促进经济、社会和绿色效益的统一提供了新的契机，同时能够进一步约束国有企业滥用自然资源的恶劣行为。

首先，根据绿色审计结果依法追究环境保护和资源开发责任，对于未按审计要求履行绿色责任的，要处以重罚，同时通报批评，以发挥审计的监督作用。[①] 其次，要发挥审计的促进作用，还需要有相应的配套激励制度。若国有企业在绿色审计中达标，则可以享受资源环保税的优惠政策。具体而言，对生产节能型、环境友好型产品的专用设备及其他环保设备实行加速折旧，对污水、废气、固体废弃物处理等用于治理污染的固定资产实行加速折旧；允许企业用于合理开采资源及保护环境的专门投资税前加计扣除，对供应节能减排产品的企业给予一定的企业所得税优惠。税前扣除、投资税收抵免、再投资退税配套激励制度能够进一步强化国有企业履行绿色责任的经济动因，并且和绿色审计制度共同促进企业的经济、社会、绿色效益的协同。

第三节　本章小结

本章是对国有企业绿色审计制度的延伸研究及完善对策。基于对国有企业绿色审计的经济学分析，认为处于起步阶段的绿色审计应该借鉴地方政府治理水污染采取"河长制"的制度安排，需要职责归属明确、权责清晰，在合理的路径选择基础上进行法律法规制度与配套制度的创新，在具体对策上应遵循经济效益、社会效益和绿色效益统筹兼顾和审计结果双重报告并引入公众监督等三大思路。具体的对策包括：第一，健全绿色审计法律制度，从修改宪法具体条款开始由上至下推进对《审计法》《会计法》《注册会计师法》等法律的修订。第二，加强绿色会计核算与环境信息公开、披露。第三，扩展并明确绿色审计的范围，深化与环保部门的联动，并及时发布审计公告。第四，推进绿色审计主体的充实，以政府审计占主导地位、内部审计为关键部分、注册会计师审计为重要补充的多元化制度保障审计独立性。第五，实施全过程跟踪审计模式并创新绿色审计技术方法。第六，制定配套的税收激励制度，如税前加计扣除、绿色投资税收抵免、再投资退税。

[①] 刘继为，刘邦凡，崔叶竹. 环境问责机制的理论特质与结构体系研究［J］. 国土与自然资源研究，2014（4）：80—82.

第七章 结论与展望

本书基于学术界当前有关绿色审计的研究成果，首先对国有企业绿色审计进行经济学分析，包括在经济新常态背景下企业实行绿色转型和发展战略的经济动因分析，以及国有企业在绿色转型中的引领作用和战略价值。其次，根据对国有企业绿色审计产生与发展所依托的理论基础，本书建立了国有企业绿色审计的概念框架和理论框架。其中，概念框架包含绿色审计的相关概念界定，还包括企业经济责任、绿色责任与社会责任的区别和联系，本书认为企业要走向可持续发展之路，必须采用环境友好的生产经营战略，通过绿色审计制度保障企业兼顾经济效益、绿色效益和社会效益的协同关系；理论框架则包含了政治经济学、制度经济学、现代管理学和审计学的基础理论及其相互联系。此外，本书建立了国有企业"三维一体"绿色审计系统及其计量评估体系，通过对案例的研究证明绿色审计能够提高国有企业的经营效率，并保障三种效益的协同。最后，本书在分析了国有企业绿色审计的法律法规制度背景之后，提出了完善相关制度的对策建议。

国有企业绿色审计的发展方向表现在两方面。一方面是对审计技术方法的创新。绿色审计因其专业性和技术性强，需要不断地吸纳创新审计技术，例如，逐渐开始投入使用的无人机监测技术、地理信息系统、全球定位系统、空气监测系统等一系列新型审计技术在绿色审计中功不可没，实现了传统审计技术达不到的效果。又因为绿色审计学科交叉度高的特点，需要持续地吸收创新审计方法，例如，将事前绿色审计、事中绿色审计与事后绿色审计相结合，将生态环境管理与ISO14000认证相结合的审计方法。另一方面是审计职能更加关注生态环保责任。在"免疫系统"审计观念下，绿色审计除了监督、鉴证和评价三大传统功能外，预防生态环境危机、修复环境状况等保障性职能将发展得更加完善。总之，绿色审计未来的发展与完善离不开理论和实践中的创新，也离不开生态文明建设战略的指导，如此才能积极探索绿色审计在保障节能减排、循环低碳以及自然资源利用与生态环境保护中的积极作用。

本书对国有企业绿色审计的未来研究方向有三点建议。

第一，在绿色审计供给方面，以政府审计为主体的绿色审计运行机制需要进行结构性的改革。尽管本书提出绿色审计机构行政上隶属于国务院和省级审计机关、职能上隶属于审计委员会的"双重报告机制"，即尝试将绿色审计主体中政府审计的运行机制由行政型变革为独立型，以此保障绿色审计的独立性，提高绿色审计的整体效能，但是如何协调好绿色审计行政上和职能上的报告关系，以及"双重报告机制"是否存在改进空间等运行机制的具体问题，本书并未进行深入的研究。由于政府审计在绿色审计主体中占据主导地位，因而其运行机制可能会成为以后研究的重要方向。

第二，在绿色审计需求方面，本书并未区分强制性审计需求和自愿性审计需求两个层次。这是因为本书根据级差地租理论分析出企业进行绿色发展的经济动因是协调经济效益、社会效益与绿色效益的协同关系，并通过绿色审计制度加以监督和保障，是一种由强制性绿色审计需求过渡到自愿性绿色审计需求的渐变选择。然而，有研究指出，该渐变过程受到国有企业管理层压力、机构投资者数量、公司治理结构等内生变量和市场集中度、非审计服务等外生变量影响，因此国有企业可能会存在规避自愿性绿色审计需求的机会主义行为，导致绿色审计制度对国有企业三种效益协同关系的保障作用失效。那么，针对何种规模、何种行业的国有企业，以何种审计频率实行强制性绿色审计需求和自愿性绿色审计需求是值得进一步研究的议题。

第三，实施绿色审计评价指标体系的路径方面还有待深入研究。尽管本书依据综合系统与弹性灵活并重、全面客观与重要性结合、可比性与可实现兼具、定量与定性相辅相成的原则设计出绿色审计评价指标体系，但其实施路径受到绿色审计评价取证受限、审计人员胜任能力不足等因素的消极影响。

例如，在获取"温室气体排放达标率"绿色审计评价数据时，资源和环境数据的专业性、分散性、长期性对本书的研究是一大挑战，虽然本书提出深化与环保部门的联动并利用"碳足迹分析"等先进的绿色审计方法，然而如果过于借助联动的力量，会导致对一个项目投入的审计力量过多，造成审计资源浪费；反之，与环保部门联动过少，一些对环境造成重大影响的问题可能难以察觉，起不到应有的监督和保障作用。因此，如何与环保部门等外部专家组成有效的联动机制、高效实施绿色审计评价指标体系的路径是当前需要解决的困境，本书限于篇幅并未提出解决办法，这一问题需要在今后的研究中加以分析。

参考文献

[1] 马克思. 马克思恩格斯全集：第1卷［M］. 中央编译局，译. 北京：人民出版社，1956：493.

[2] 马克思. 1844年经济学哲学手稿［M］. 中共中央马克思恩格斯列宁斯大林著作编译局，译. 北京：人民出版社，2000：53.

[3] 理查德·A. 波斯纳. 法律的经济分析［M］. 蒋兆康，译. 北京：法律出版社，2012：6.

[4] 丰澄智己. 战略的环境经营：环境与企业竞争力的实证分析［M］. 东京：中央经济社，2007：225—227.

[5] 吉泽正，福岛哲郎. 企业环境管理［M］. 东京：中央经济社，1996：46—48.

[6] "十三五"国家审计工作发展规划［N］. 中国审计报，2016-06-03（3）.

[7] "国家利益保护导向的中国环境审计体系创新研究"课题组，李璐. 国家利益保护导向的中国环境审计体系创新研究的初纲［J］. 会计论坛，2012（2）：87—96.

[8] 阿尔弗雷德·马歇尔. 经济学原理［M］. 廉运杰，译. 北京：机械工业出版社，2003：126—127.

[9] 安东尼·阿特金森，约瑟夫·斯蒂格里兹. 公共经济学［M］. 蔡江南，译. 上海：上海人民出版社，1996：16—18.

[10] 保罗·萨缪尔森，威廉·诺德豪斯. 经济学：第十八版［M］. 萧琛，译. 北京：人民邮电出版社，2008：131—133.

[11] 庇古. 福利经济学［M］. 金镝，译. 北京：华夏出版社，2007：23—26.

[12] 欣欣.环境外部性·蒂伯特模型·城市政府：克服环境外部性的制度思路［J］.中国城市经济，2011（4）：26—28.

[13] 蔡春，谢赞春，陈晓媛.探索效益审计与环境审计发展的新路子［J］.会计之友：下旬刊，2007（10）：89—91.

[14] 蔡春.环境审计论［M］.北京：中国时代经济出版社，2006：23—24.

[15] 陈刚.京都议定书与国际气候合作［M］.北京：新华出版社，2008：36—39.

[16] 陈思维，王晨雁.《从环境视角进行审计活动的指南》的启示［J］.审计与经济研究，2003（4）：28—31.

[17] 陈思维.环境审计的理论结构［J］.审计理论与实践，1998（3）：12—14.

[18] 上海市企业联合会，上海市企业家协会课题组，郑峥嵘，陈璇.2008上海、天津、重庆三地100强企业的对比分析［J］.上海企业，2008（10）：17—19，45.

[19] 陈艳.论中国环境审计法律制度的完善［J］.环境保护，2013，41（19）：45—46.

[20] 代凯.试论企业环境责任审计［J］.审计与经济研究，1997（1）：9—11.

[21] 党政主要领导干部和国有企业领导人员经济责任审计规定实施细则［N］.中国审计报，2014-07-28（4）.

[22] 邓启稳.经济转型背景下的企业绿色审计探讨［J］.未来与发展，2011（3）：97—100.

[23] 董霞.企业环境责任及其供应链推广［D］.中国海洋大学硕士学位论文，2009.

[24] 董晓东，李天柱，朱晓琳.环境经营：基于环境约束视角的企业经营范式转换：基于行政组织理论视角［J］.生态经济，2014，30（12）：61—65.

[25] 杜爱文.刍议绿色审计机制［J］.绿色财会，2001（4）：55—56.

[26] 马骧聪，译.俄罗斯联邦环境保护法和土地法典［M］.北京：中国法

制出版社，2003：6.

[27] 方宇．中国总会计师的社会责任之社会制约与鉴证：兼谈注册会计师的功能与作用［J］．中国总会计师，2009（9）：21.

[28] 冯薇．发展经济学［M］．北京：经济科学出版社，1999：4—5.

[29] 付健，史朋彬，付雅．略论中国绿色审计制度的创建［J］．社会科学家，2010（12）：59—62.

[30] 付姝芳．企业绩效评价创新的基本构想［J］．会计之友，2004（11）：27.

[31] 高方露，吴俊峰．关于环境审计本质内容的研究［J］．贵州财经学院学报，2000（2）：53—56.

[32] 顾全．国内外环境审计开展状况对比分析［J］．广西财经学院学报，2012（3）：113—118.

[33] 官银．"免疫系统"论下绿色经济责任审计的创新［J］．现代企业，2015（11）：70—71.

[34] 郭廷忠，周艳梅．环境管理学［M］．北京：科学出版社，2009：74.

[35] 韩乃志，于昆．绿色经济与绿色审计［J］．中国审计，2007（19）：43—45.

[36] 贺立龙．论社会成本问题现代分析范式的形成［J］．求索，2013（10）：223—225.

[37] 黄浩．外部性治理与我国可持续发展战略［J］．决策探索，1998（11）：16—18.

[38] 黄晓波，李伶俐，孙成刚．独立审计执业责任保险的问题和对策［J］．审计与经济研究，2001（03）：28—30.

[39] 贾成中．企业生态责任的经济学分析［D］．吉林大学硕士学位论文，2009.

[40] 贾中裕．经济与管理数学模型［M］．北京：冶金工业出版社，2000：166.

[41] 江苏省审计厅课题组，赵耿毅．从江苏实践看环境责任审计［J］．环境经济，2011（8）：37—42.

[42] 姜明，王富涛．完善循环经济条件下的环境效益审计机制［J］．科学与管理，2010（01）：28—30．

[43] 金珺．碳审计框架探讨［J］．现代商贸工业，2011，23（14）：176—177．

[44] 黎敏．生态文明建设中企业实施绿色责任的现实意义和路径［J］．中南林业科技大学学报：社会科学版，2014，8（4）：9—11．

[45] 李国平，韦晓茜．企业社会责任内涵、度量与经济后果：基于国外企业社会责任理论的研究综述［J］．会计研究，2014（8）：33—40，96．

[46] 李明辉，张艳，张娟．国外环境审计的经济学研究述评［J］．审计与经济研究，2011，26（4）：29—37．

[47] 李晓慧，金彪．中央企业领导人员经济责任审计的现状及其特征研究［J］．审计研究，2013，（06）：33—36，44．

[48] 李晓西，赵少钦．可持续发展的成本效益分析［J］．北京师范大学学报：社会科学版，2004（7）：7—8．

[49] 李馨子．试论中国绿色核算监督体系的理论结构［J］．商场现代化，2008（16）：379．

[50] 李雪，杨智慧，王健姝．环境审计理论结构研究［J］．财贸研究，2002，13（5）：107—111．

[51] 李雪，石玉，王纪瑞．对环境审计目标的再认识［J］．财会月刊，2011（18）：78—80．

[52] 李永臣．环境负债的会计研究［J］．会计之友：上旬刊，2007（11）：13—14．

[53] 刘鸿明．反思金融危机：基于金融化视角的成本分析［J］．西安文理学院学报，2016（6）：51—55．

[54] 刘继为，刘邦凡，崔叶竹．环境问责机制的理论特质与结构体系研究［J］．国土与自然资源研究，2014（4）：80—82．

[55] 刘伟四．环境审计及中国环境审计发展探讨［J］．商业研究，2001（5）：122．

[56] 刘文辉．企业绿色经营创新研究［D］．中国海洋大学硕士学位论

文，2009．

[57] 罗涵．国企要做发展绿色生产力的排头兵［N］．光明日报，2015-03-31（2）．

[58] 吕峻，等．环境披露、环境绩效和财务绩效关系的实证研究［J］．山西财经大学学报，2011（01）．

[59] 马志娟，韦小泉．生态文明背景下政府环境责任审计与问责路径研究［J］．审计的经济学研究，2014（6）：16—22．

[60] 毛洪涛，张正勇．现代风险导向观下的注册会计师环境审计［J］．会计之友，2008（9）：62—64．

[61] 茅于轼．把社会成本量化到人［J］．资本市场，2015（3）：13．

[62] 牛鸿斌，崔胜辉，赵景柱．政府环境责任审计本质与特征的探讨［J］．审计的经济学研究，2011（2）：29—32．

[63] 潘煜双，李云．中国环境审计的经济学研究述评：基于国内1997—2008年研究的分析［J］．财会通讯，2010（33）：65—68．

[64] 潘岳．呼唤中国企业的绿色责任［J］．绿色中国，2005（7）：9—12．

[65] 钱学森，等．论系统工程［M］．上海：上海交通大学出版社，2007：1．

[66] 饶风云．企业环境社会责任研究［D］．河南大学硕士学位论文，2012．

[67] 审计署．审计署关于印发"十三五"国家审计工作发展规划的通知．［EB/OL］［2017-06-01］．2016-06-02，http：//www.au dit.gov.cn/n4/n19/c83985/content.html．

[68] 审计署2003至2007年审计工作发展规划［J］．中国审计，2003（15）：2—4．

[69] 审计署2008至2012年审计工作发展规划［N］．中国审计报，2008-07-14（3）．

[70] 宋传联．和谐社会视阈下中国环境审计制度研究［D］．东北师范大学硕士学位论文，2015．

[71] 孙兴华，孙莹．中国绿色会计、审计的经济学研究思考倡议［J］．会计之友旬刊，2008（5）：11—12．

[72] 孙兴华，王兆蕊．绿色会计的计量与报告研究［J］．会计研究，2002

（3）：54—57.

[73] 孙钰. 外部性的经济分析及对策 [J]. 南开经济研究, 1999（3）: 31—34.

[74] 谭昳. 中国环境审计主体研究 [D]. 北京交通大学硕士学位论文, 2012.

[75] 汪翔, 丁璐. 绿色审计的经济学研究: 动因、现状与对策 [J]. 财会通讯, 2012（27）: 39—41.

[76] 王爱国, 史维. 论审计的独立性 [J]. 审计的经济学研究, 2004（4）: 68—71.

[77] 王春业. 外部不经济理论视角下的权利冲突分析 [J]. 湖南师范大学社会科学学报, 2012（1）: 48—52.

[78] 王冬. 成本—效益分析在绩效评价中的运用 [J]. 财政监督, 2015（8）: 55—57.

[79] 王恩山. 环境绩效审计的经济学研究 [D]. 中国海洋大学硕士学位论文, 2005.

[80] 王会金, 尹平. 论国家审计风险的成因及控制策略 [J]. 审计的经济学研究, 2000（02）: 28—34, 27.

[81] 王立彦, 尹春艳, 李维刚. 我国企业环境会计实务调查分析 [J]. 会计研究, 1998（8）: 19—25.

[82] 王琳、唐瑞. 绿色经济约束下的企业经济责任审计探析 [J]. 商业会计, 2012（1）: 39—40.

[83] 王万山. 庇古与科斯的规制理论比较 [J]. 贵州财经学院学报, 2007（3）: 23—28.

[84] 王正军. 基于利益相关者视角的外部成本内部化探析 [J]. 成本管理, 2014（12）: 102—103.

[85] 武春友, 陈兴红, 匡海波. 基于AHP—标准离差的企业绿色度可拓学评价模型及实证研究 [J]. 科研管理, 2014, 35（11）: 109—117.

[86] 西斯蒙第. 政治经济学新原理 [M]. 何钦, 译. 北京: 商务印书馆, 1964: 28—29.

[87] 辛杰，廖小平．论企业可持续发展与企业社会责任［J］．中南林业科技大学学报：社会科学版，2013，7（3）：77—80．

[88] 刑会强．财政法的经济学根基：交易成本公共物品理论的提出［J］．政法论丛，2012（1）：39—45．

[89] 薛玉娇．外部性的产生及解决措施［J］．湖北函授大学学报，2013（8）：39—40．

[90] 杨东宁，周长辉．企业环境绩效与经济绩效的动态关系模型［J］．中国工业经济，2004（4）：43—50．

[91] 杨红强，张晓辛．《京都议定书》机制下碳贸易与环保制约的协调［J］．国际贸易问题，2005（10）：107—111．

[92] 杨嘉懿，李家祥．以"五大发展理念"把握、适应、引领经济发展新常态［J］．理论月刊，2016（04）：103—106．

[93] 杨时展．会计信息系统说三评：决策论和受托责任论的论争［J］．财会通讯，1992（6）：8．

[94] 叶六奇，张静．企业的绿色社会责任［J］．经营与管理，2010（1）：48—49．

[95] 于昆．绿色经济、绿色会计与绿色审计［J］．审计的经济学研究简报，2007（7）：7—8．

[96] 于团叶．未来审计的重要领域：环境审计［J］．科技与管理，2005，7（2）：78—80．

[97] 余发良．试析国有企业在社会主义建设中的地位和作用［J］．改革与开放，2015（23）：121—123．

[98] 袁嘉新．中国可持续发展监测评价系统研究［A］//中国科学技术协会，浙江省人民政府．面向21世纪的科技进步与社会经济发展：下册［M］．北京：中国科学技术出版社，1999：2．

[99] 袁礼．注册会计师在环境审计中的优劣势［J］．合作经济与科技，2010（1）：92—93．

[100] 张春平．绿色审计：为绿色经济保驾护航［J］．中国管理信息化，2010，13（2）：54—56．

[101] 张立民，张继勋，周德铭，章轲，刘绍统，虞伟萍，丁仁立，项文卫，耿建新．《中华人民共和国国家审计准则》笔谈［J］．审计研究，2010（6）：10—22．

[102] 张琦伟．制造型企业绿色供应链管理研究［D］．四川大学硕士学位论文，2005．

[103] 张卫．环境问题的经济学分析［D］．东北财经大学硕士学位论文，2002．

[104] 张小红．对大企业外部性问题的研究［J］．价值工程，2013（2）：118—119．

[105] 张学刚．环境管制政策工具的演变与发展［J］．湖北经济学院学报，2010（4）：94—98．

[106] 张永亮，俞海，夏光，冯燕．最严格环境保护制度：现状、经验与政策建议［J］．中国人口·资源与环境，2015（2）：90—95．

[107] 张长江．生态—经济互动视角下的企业生态经济效益会计核算理论与测度方法：文献综览与研究框架［J］．生态经济，2014（4）：55—63．

[108] 赵万一．公司环境责任担当与公益诉讼［J］．重庆社会科学，2011（12）：62—66．

[109] 赵晓铃．经济责任审计评价方法体系探究［J］．当代财经，2009（6）：124—128．

[110] 郑国洪．国企绿色经济责任综合审计评价AHP模型思考与改进［J］．西南政法大学学报，2017（1）．

[111] 郑国洪．中国税收政策调整的低碳效应研究［J］．财政研究，2017（7）：102—103．

[112] 中国新闻网．国资委回应"央企成年报亏损重灾区"：主要在过剩行业［EB/OL］．［2016－03－12］［2016－08－15］．http://www.chinanews.com/gn/2016/03-12/7794662.shtml．

[113] 周曦．基于经济责任的环境审计路径选择：浅析经济责任审计中的环境保护责任审计［J］．审计的经济学研究，2011（5）：24—27．

[114] 周月娴. 推进资源环境审计 促进可持续发展 [J]. 经济与社会发展, 2013, 11 (2): 42—44.

[115] 朱秀霞, 刘长翠. 环境责任审计初探 [J]. 中国发展, 2011, 11 (5): 7—13.

[116] Alin, I. I. , Daniel, C. V. , Octavian, M. V. , Instruments that are Needed to Ensure the Credibility of Environmental Disclosure [J]. Annals of the University of Oradea. Economic Science, 2010, 1 (1): 522—552.

[117] Bleischwitz, Raimund. Eco-efficiency, Regulation, and Sustainable Business: Towards a Governance Structure for Sustainable Development [M]. Cheltenham: Edward Elgar, 2004: 120—134.

[118] Domingues P, Sampaio P, Arezes P: Beyond "Audit" Definition: a Framework Proposa for Integrated Management Systems [C]. In Proceedings of the 2011 Industrial Engineering Research Conference, 2011: 1—8.

[119] Goodall B. Environmental Auditing: A Tool for Assessing the Environmental Performance of Tourism Firms [J]. Geographical Journal, 1995, 161 (1): 29—37.

[120] Hart S L. A natural Resource-based View of the Firm [J]. Academy of Management Review, 1995, 20 (20): 986—1014.

[121] Henriques I, Sadorsky P. The Relationship between Environmental Commitment and Managerial Perceptions of Stakeholder Importance [J]. Academy of Management Journal, 1999, 42 (1): 87—99.

[122] Hepler J A, Neumann C. Enhancing Compliance at Department of Defense facilities: Comparison of Three Environmental Audit Tools. [J]. Journal of Environmental Health, 2003, 65 (8): 17—25.

[123] Hopfenbeck W. The Green Management Revolution: Lessons in Environmental Excellence [M]. New York: Prentice Hall, 1993: 1—26.

[124] Humphrey, N. , Hadley, M. Environmental Auditing [M]. Bembridge: Palladian Law Publishing, 2010: 26.

[125] INTOSAI Working Group on Environmental Auditing. Environmental Audit and Regularity Auditing, 2004:63—80.

[126] Jan Bebbington, Carlos Larrinaga González. Carbon Trading: Accounting and Reporting Issues [J]. European Accounting Review, 2008, 17 (4): 697—717.

[127] Margolis J D, Elfenbein H A, Walsh J P. Does It Pay to Be Good. and Does It Matter? A Meta-Analysis of the Relationship between Corporate Social and Financial Performance [J]. Ssrn Electronic Journal, 2009: 1—26.

[128] Matten D, Crane A, Chapple W. Behind the Mask: Revealing the True Face of Corporate Citizenship [J]. Journal of Business Ethics, 2003, 45 (1-2): 109—120.

[129] Moor, P., Beelde, I. Environmental Auditing and the Role of the Accountancy Profession: a Literature review [J]. Environmental Management, 2005, 36 (2): 205—219.

[130] Nadja Guenster, Rob Bauer. The Economic Value of Corporate Eco-Efficiency [J]. European Financial Management, 2011 (10): 679—704.

[131] Penini, G., Carmeli, A. Auditing in organizations: a Theoretical Concept and Empirical Evidence [J]. Systems Research and Behavioral Science, 2010, 27 (1): 37—59.

[132] Porter M E, Van d L C. Green and Competitive: Ending the Stalemate [J]. Long Range Planning, 1995, 28 (6): 128—129 (2).

[133] Power M. EXApertise and the Construction of Relevance: Accountants and environmental audit [J]. Accounting Organizations & Society, 1997, 22 (2): 123—146.

[134] Coase R. H., The Problem of Social Cost [J]. Journal of Law & Economics, 1960, 3 (4): 1—44.

[135] Steven G. Beyond the Dark Clouds: Pigou and Coase on Social Cost [J]. History of Political Economy, 1998 (30): 601—625.

[136] Tucker, Robert R, Kasper, et al. Pressures for Change in Environmental Auditing and in the Role of the Internal Auditor [J]. Social Science Electronic Publishing, 1998, 10 (3): 340.

[137] A Structuration View on the Initiation of Environmental Reports [J]. Critical Perspectives on Accounting, 2002, 13 (1): 17—38.

后 记

本书源于我近些年来对生态环境与经济发展的观察和思考,生态环境与经济发展常常处于"失衡"状态。面对来自生态环境的宏观挑战,中国加大了环境保护的力度,与此同时,中国也面临着经济转型升级和高质量发展的压力。在我多年根植于审计学科的教学和科研过程中,利用审计制度对两者进行"平衡"成为我持续努力的方向。在绿色发展理念的指导下,我开始思考微观经济主体如何回应生态文明建设与经济高质量发展的号召,于是便开始了本书的撰写。

在本书的写作过程中,我得到了很多朋友和同仁的帮助。比如,来自四川大学的杨继瑞教授和韩立达教授、西南财经大学的蔡春教授,他们在环境经济、审计制度等领域造诣颇丰,与我进行了非常富有启发的讨论。此外,西南政法大学的同事与重庆市审计系统的专家以及其他许多朋友,他们也为本书提供了宝贵的建议。另外,感谢雷春丽编辑,对本书提供了建设性的修改意见,增强了本书的可读性。

当然,在我专心从事研究和教学工作期间,如果没有家人的体谅和包容,本书完稿难免会有波折。衷心感谢我的家人,他们是我的坚强后盾!

2019 年 3 月